Nagtegaal

Experience Curve & Produktportfolio

Wie überlebt mein Unternehmen?

Dr. Heinz Nagtegaal

Experience Curve & Produktportfolio

Wie überlebt mein Unternehmen?

Betriebswirtschaftlicher Verlag Dr. Th. Gabler · Wiesbaden

ISBN 3 409 30431 2

Copyright by Dr. Th. Gabler-Verlag · Wiesbaden 1977

Vorwort

Übersichten der großen Unternehmen vor dem zweiten oder dem ersten Weltkrieg in Deutschland oder England oder den USA enthalten große Überraschungen. Sie zeigen, daß nur 20 % dieser damals beherrschenden Unternehmen heute noch als selbständige Einheiten bestehen. Für mittlere und kleinere Unternehmen würde eine solche Analyse noch wesentlich niedrigere Prozentsätze ergeben.

Unternehmerische Zielsetzung ist also nicht die Gewinnerzielung, sondern das Überleben des Unternehmens als selbständige Einheit. Überleben setzt kontinuierliche Liquidität und Innovationen voraus. Sicherstellung kontinuierlicher Liquidität wird in den kommenden zehn Jahren angesichts der Verengung des Kapitalmarktes, der Verteuerung von Energie und Rohstoffen und des Mangels an qualifiziertem Management eine sehr schwierige unternehmerische Aufgabe sein. Die ziellose Ressourcenverschwendung der letzten zwanzig Jahre muß durch eine strategische Unternehmensplanung beendet werden, die durch konsequente Anwendung der Erkenntnisse des Konzeptes der Erfahrungskurve und durch sorgfältige Planung des Produktportfolios eine Optimierung der nun tatsächlich begrenzten Ressourcen anstrebt.

Die strategische Unternehmensplanung beschränkt sich auf das Aufzeigen der Lücken im Liquiditätsfluß und im Produktportfolio in den kommenden fünf Jahren. Sie kann auch die Richtung anweisen, in die sich das Unternehmen entwickeln sollte. Die Realisierung der strategischen Unternehmensplanung setzt jedoch einen kontinuierlichen Strom, eine Institutionalisierung von Innovationen voraus. Viele Anzeichen deuten nach fast fünfzig Jahren Stagnation auf eine neue Phase erhöhter wirtschaftlicher, sozialer und politischer Innovationen hin.

Nur die Unternehmen werden überleben, die die Institutionalisierung von Innovationen mit strategischer Unternehmensplanung auf der Basis von Erfahrungskurve und Produktportfolio-Management verbinden. Die Praxis der Realisierung von strategischer Unternehmensplanung durch Innovationen, wie sie in einigen wenigen Unternehmen bereits durchgeführt wird, ist Gegenstand dieses Buches. Es wäre zu begrüßen, wenn die Wissenschaft diese Konzepte, Techniken und Instrumente weiterentwickeln würde.

Inhaltsverzeichnis

Seite

Einführung............................... 9

Erstes Kapitel

Strategische Planung

1. Die Grundprinzipien strategischer Planung............ 11
2. Ein Konzept strategischer Planung 15

Zweites Kapitel

Erfolgsfaktoren im Wettbewerb der Unternehmen

1. Bestimmungsfaktoren der Gesamtkapitalrentabilität....... 21
2. Marktanteilsstrategien 29
3. Das Konzept der "experience curve"................ 32
4. Schlußfolgerungen strategischer Planung aus dem Konzept der "experience curve" 46

Drittes Kapitel

Produktportfolio als Grundlage strategischer Unternehmensplanung

1. Die Ablösung des "profit center" durch das "market center" als kleinste Einheit strategischer Unternehmensplanung................................. 65
2. Das Produktportfolio-Management 67
   2.1. Die Marktpositionsklassifizierung 68
   2.2. Der Mitbewerbervergleich der Marktpositionen 72
   2.3. Die Marktpositionsentwicklung in der Vergangenheit................................ 74
   2.4. Die Marktpositionsbewertung 75
   2.5. Die Liquiditätssituation 78
   2.6. Der Verschuldungsgrad................... 79

	Seite
2.7. Die Bewertung des Datenrahmens nationaler Märkte	81
3. Drei Unternehmensbeispiele von strategischer Unternehmensplanung und Produktportfolio-Management aus der Praxis	82
3.1. Der Verschuldungsgrad	82
3.2. Die Marktpositionsentwicklung	83
3.3. Die Marktpositionsbewertung	83
3.4. Die Liquiditätssituation	84
3.5. Erfahrungskurve und Produktportfolio-Management als Eckpfeiler der strategischen Unternehmensplanung	85

Viertes Kapitel

Innovation, die Realisierung der strategischen Unternehmensplanung

1. Erfolg durch Innovation	87
2. Innovationsstrategien	91
Literaturverzeichnis	101
Stichwortverzeichnis	106

Einführung

Das Management sieht sich mit dem dritten grundlegenden Wandel im Schwergewicht unternehmerischer Aufgaben seit Kriegsende konfrontiert. Die fünfziger und frühen sechziger Jahre sahen die fundamentale Neuorientierung des Managements als operative Technik. In Entwicklung, Produktion und Verkauf wurden beachtliche Steigerungen der Effizienz erzielt. Die finanziellen und menschlichen Ressourcen wurden besser genutzt. Team-Arbeit löste die alten Hierarchien ab. Die sechziger Jahre brachten die Anerkennung und Durchsetzung der strategischen Planung als gewichtige und eigenständige Management-Disziplin.

Seit etwa zwei Jahren hat sich der Datenrahmen für unternehmerisches Handeln, die Märkte, Volkswirtschaften, sozialen Strukturen, politischen Strömungen sowie die Veränderungsrate selbst, grundlegend gewandelt. Die Wachstumsraten der Volkswirtschaften haben sich drastisch verringert, in einigen Ländern sind sie sogar negativ. Die Konjunkturzyklen scheinen kürzer, die Ausschläge größer geworden zu sein. Die politische Einflußnahme auf unternehmerische Entscheidungen hat sich verstärkt, wie die überharte Reaktion auf die Inflation einerseits und die unmittelbar sich anschließenden Maßnahmen zur Einschränkung der daraus resultierenden Arbeitslosigkeit deutlich dokumentieren. Die Folgen der Ölkrise, Zahlungsbilanzungleichgewichte und Recycling der Petrodollar, sind noch nicht überwunden. Die Veränderungen im sozialen Wertsystem unterstreichen die höhere Sparneigung und die steigenden Anforderungen an Umweltschutz, soziale Absicherung, Mitbestimmung, Lebensqualität etc.

Diese grundlegenden Änderungen im Datenrahmen und die sich heute schon abzeichnende weltweite Kapitalverknappung in den nächsten fünf bis zehn Jahren als Folge der Kapitalvernichtung in der jetzigen, weltweiten Wirtschaftskrise, der weiterhin zunehmenden Ansprüche des Staates, des enormen Investitionsbedarfes im Rohstoffbereich und der Verlagerung der Kapitalströme in einige Öl- und Rohstoffländer zwingen das Management zu einem noch sorgfältigeren Einsatz der verfügbaren Ressourcen, zu noch besseren Investitionsentscheidungen, zu noch größeren Anstrengungen in der strategischen Planung, wenn das eigene Unternehmen als selbständige Einheit überleben soll.

Erstes Kapitel

Strategische Planung

1. Die Grundprinzipien strategischer Planung

Die letzten 20 Jahre haben einen Aufschwung langfristiger Planungsaktivitäten gebracht. Während vor wenigen Jahrzehnten langfristige Planung fast unbekannt war, gibt es heute kaum ein größeres Unternehmen ohne Planungsstab und detaillierte Planungssysteme. Nun ist jede wichtige unternehmerische Entscheidung – Ausrichtung der Forschung, Bau einer Fabrik, Entwicklung eines neuen Produktes, Umorganisation der Verkaufsorganisation – langfristiger Natur, d. h. es vergehen Jahre bis sich Auswirkungen zeigen und die Investitionen sich bezahlt machen.

Das Management hat also keine andere Wahl als die Zukunft anzupacken, zu formen, kurz- und langfristige Ziele auszubalancieren. Es muß die Fähigkeit zu systematischen Entscheidungen mit langfristigen Auswirkungen, zu langfristiger Planung besitzen.

Die Zukunft gestaltet sich nicht von selbst, auch wenn man sie noch so hart herbeiwünscht. Die Zukunft erfordert Entscheidungen – heute.

Langfristige Planung basiert auf der fundamentalen Fragestellung: was s o l l t e unser Geschäft sein? Die Fragestellung sollte unabhängig von den Analysen: was i s t unser Geschäft? und was w i r d unser Geschäft sein? beantwortet werden. Langfristige Planung setzt die unabhängige Inangriffnahme dieser drei Fragestellungen voraus, es sind voneinander unabhängige, konzeptionelle Themenstellungen. Erst danach werden die Konzeptionen, was das Geschäft i s t, sein w i r d und sein s o l l t e integriert. Was dann als kurz- oder langfristig zu definieren ist, ist eine Funktion der Zeitspanne der Zukunftwirksamkeit der heute getroffenen Entscheidung. Jede Planung wird sofort zu Arbeit und Einsatz, wenn sie ernsthaft betrieben wird.

Fragestellungen langfristiger Planung

Das Grundziel langfristiger Planung ist die Identifizierung neuer und unterschiedlicher Geschäftsbereiche, Technologien und Märkte, die das Unternehmen in Zukunft aufbauen sollte. Die erste Annahme, die sich mit ziemlicher Sicherheit hinsichtlich der Beantwortung der Fragestellung: was s o l l t e unser Geschäft sein? machen läßt, ist, daß es "anders" als das heutige Geschäft sein wird.

Denn langfristige Planung sollte die unkritische Extrapolation gegenwärtiger Trends, die Hoffnung, daß die heutigen Produkte, Dienstleistungen, Märkte und Technologien auch die von morgen sind, und vor allem die Bereitstellung von Ressourcen zur Verteidigung der Vergangenheit, eindeutig und vollkommen ausschalten.

Ziele strategischer Planung

Derartige Managementaufgaben erfordern weniger die Befähigung zu langfristiger Planung, eher zu strategischer Entscheidung, zu strategischer Planung. Die Arbeit beginnt mit der Fragestellung: Was i s t unser Geschäft heute? und den sich daraus anschließenden Fragestellungen: Welche unserer heutigen Geschäfte sollten wir aufgeben? Welche sollten wir zurückschrauben? Welche sollten wir fördern? Somit kann sich strategische Planung nicht in einer großen Zahl von Techniken erschöpfen.

Strategische Planung ist Analyse und Einsatz von Ressourcen zur Erzielung von Resultaten.

Obwohl viele Techniken und Methoden während des Planungsprozesses verwendet werden können, entziehen sich die wichtigsten Fragestellungen: Was i s t unser Geschäft? oder Was s o l l t e unser Geschäft sein? der Quantifizierung oder Programmierung durch den Computer.

Begriffe wie "größer" oder "kleiner" bzw. "früher" oder "später" müssen ausreichen, vor allem in Bereichen des politischen Klimas, der sozialen Verantwortung, des menschlichen Potentials. Quantifizierung ist nicht Planung. Strategische Planung ist nicht die Anwendung wissenschaftlicher Methoden für unternehmerische Entscheidungen. Strategische Planung ist der Einsatz tiefen Nachdenkens, von Analyse, Vorstellungskraft, Beurteilung. Sie ist unternehmerische Verantwortung statt Technik.

Strategische Planung stellt auch keinen Versuch zur Prognose dar. Die Zukunft ist nicht vorhersehbar. Strategische Planung ist notwendig, gerade weil die Zukunft nicht vorhersehbar ist. Prognose und strategische Planung sind ausgesprochene Gegensätze. Prognose sucht die höchste Wahrscheinlichkeit zukünftiger Gegebenheiten. Unternehmerische Aufgabe ist das Suchen nach dem Ansatzpunkt, der diese Wahrscheinlichkeit der wirtschaftlichen, sozialen oder politischen Situation durch eine einzigartige Gegebenheit oder Innovation verändert. Da das Management die Wahrscheinlichkeiten, auf denen die Vorhersagen basieren, gerade aufzuheben versucht, dient die Prognose nicht den Zwecken des Planers, der seine Organisation in eine erfolgreiche Zukunft lenken möchte.

Strategische Planung bedeutet auch nicht ein Bemühen um zukünftige Entscheidungen. Entscheidungen existieren nur in der Gegenwart. Die strategische Entscheidung bezieht sich nicht darauf, was morgen zu tun ist, sondern was heute angefaßt werden muß, um für ein unsicheres Morgen gerüstet zu sein. Es stellt sich nicht die Frage, was morgen geschieht, sondern welche Zukunftsbezogenheit in das gegenwärtige Denken und Handeln eingebaut werden muß, welche Zeitspanne zu überbrücken ist und wie diese Informationen zu nutzen sind, um heute rationale Entscheidungen zu treffen. Viele Planungen beziehen sich noch immer auf Entscheidungen, die irgendwann in der Zukunft zu treffen sind. Entscheidungen können aber nur i n der Gegenwart, aber nicht ausschließlich f ü r die Gegenwart getroffen werden. Selbst die Entscheidung nicht zu entscheiden, bindet in der Zukunft oft dauernd und unwiderruflich.

Strategische Planung kann auch nicht das Bestreben um Risikoverminderung unterstützen. Wirtschaften heißt, Ressourcen für die Zukunft, für höchst unsichere Erwartungen einsetzen. Risikobereitschaft ist die Voraussetzung unternehmerischen Handelns. Während das Bestreben um Risikoverminderung oder gar Risikovermeidung sinnlos ist, ist es von überaus großer Wichtigkeit, die richtigen Risiken zu nehmen. Strategische Planung ermöglicht vielmehr die Ausweitung der Risikoübernahme. Das Endergebnis erfolgreicher strategischer Planung muß ein Vermögen zu größerer Risikoübernahme sein, der einzige Weg zur Verbesserung des unternehmerischen Ergebnisses. Das bedeutet aber, daß das einzelne Risiko besser verstanden wird, daß rationeller zwischen verschiedenen Risikounternehmungen ausgewählt werden kann, statt sich auf Gefühl, Hörensagen und Erfahrung zu verlassen.

Strategische Planung läßt sich nun definieren als ein kontinuierlicher Prozeß von gegenwärtigen unternehmerischen Risikoentscheidungen in systematischer Form und mit dem größtmöglichen Erkennen ihrer Zukunftsbezogenheit.

Grundlage ist einerseits die systematische Organisation aller Anstrengungen, diese Entscheidungen auszuführen, andererseits die Messung der Ergebnisse dieser Entscheidungen an den Erwartungen durch systematische Rückkoppelung.

Die Gegenwart verlangt ebenso wie die Zukunft strategische Entscheidungen. Langfristige Planung muß auf kurzfristiger Planung aufgebaut und darin eingebaut sein. Kurzfristige Planung andererseits muß in einen einheitlichen Aktionsplan integriert sein, wenn Fehlentwicklungen vermieden werden sollen.

"Kurzfristig" und "langfristig" werden nicht durch irgendeine Zeitperiode bestimmt. Eine Entscheidung wird nicht dadurch langfristig, daß heute entschieden wird, sie in 1990 zu treffen. Eine Entscheidung wird nicht dadurch kurzfristig, daß es nur wenige Monate braucht, sie auszuführen. Entscheidend ist die Periode, über die sie wirksam ist. Die Zukunftbezogenheit der Entscheidung bestimmt die Zeitspanne, die Einteilung als kurz- oder langfristig.

Planungszeitraum

Jede Entscheidung hat einen kurz- oder langfristigen Aspekt. Die Zeitspanne zwischen der Entscheidung für eine bestimmte Aktion, z. B. Bau eines Atomkraftwerkes und den ersten Resultaten, z. B. Strom, ist der kurzfristige Aspekt der Entscheidung. Die Zeitspanne, in der über den Stromverkauf die ursprüngliche Investition wieder hereingeholt wird, ist der langfristige Aspekt der Entscheidung. Die Langfristigkeit einer Entscheidung bezieht sich auf die Zeitspanne, in der sich die ursprüngliche Entscheidung – hinsichtlich der Marktauswahl, des Prozesses, der Technologie, des Firmensitzes – als vernünftig erweist.

Die Art des Geschäftes und die Art der Entscheidung bestimmen die Zeitspanne der Planung.

Bewältigung der Vergangenheit

Strategische Planung stellt einen Versuch zur Bewältigung der Vergangenheit dar. Die meisten Planungen befassen sich nur mit neuen, zusätzlichen Aktivitäten – neue Produkte, neue Märkte, neue Produktionen. Der Schlüssel zur Veränderung für morgen aber liegt in der Aufgabe unproduktiver, überholter, belastender Aktivitäten. Der erste Schritt im Planungsprozeß sollte hinsichtlich aller bestehenden Produkte, Märkte, Produktionen die Fragestellung sein: Wären wir an diese Aktivität nicht gebunden, würden wir sie als neue Aufgabe in Betracht ziehen?

Ist die Antwort: Nein, dann sollte sich unmittelbar die Frage anschließen: Wie schnell können wir uns dieser Aktivität entledigen?

Die systematische Aufgabe von Überholtem, von Gestrigem ist Planung in sich selbst. Sie zwingt zu Nachdenken und Aktion. Sie macht Mitarbeiter und Geldmittel frei für neue Aufgaben. Sie schafft die Bereitschaft zu neuem Handeln.

Strategische Planung muß letztlich in eine Beantwortung der folgenden Fragestellungen ausmünden:

Was müssen wir heute in Angriff nehmen, damit wir diese gewünschte Position in Zukunft einnehmen können? Was werden wir nicht erreichen, wenn wir nicht heute entsprechende Ressourcen bereitstellen?

Entscheidend für die strategische Planung ist heute:

1. systematische und zweckgerichtete Arbeit zur Erreichung der gesetzten Ziele,

2. systematisches Aufgeben von Überholtem als Voraussetzung zur Erreichung der Ziele von Morgen,

3. kontinuierliches Suchen nach neuen, unterschiedlichen Wegen zur Erreichung der gesetzten Ziele,

4. die Bestimmung des Zeitpunktes, wann Aktivitäten zu beginnen haben, damit rechtzeitig Ergebnisse erzielt werden.

2. Ein Konzept strategischer Planung

Die Vielzahl der Konzepte strategischer Planung ist fast so verwirrend wie die Fülle an unterschiedlichen Methoden. Daher soll hier nur jenes Konzept dargestellt werden, das die erfolgreichsten Unternehmen unter den Fortune 500 (die 500 größten Unternehmen) in der Praxis anwenden.

Die Formulierung der Unternehmensstrategie fällt selbst dem erfahrenen Manager sehr schwer.

Seine administrative Erfahrung beruht auf langjährigen Versuchen und Irrungen. Er hat aus seinen vielen Fehlern gelernt. Er weiß die Konsequenzen abzuschätzen, wenn er Änderungen vornimmt. Dieser Erfahrungshorizont läßt sich leider nicht auf die strategische Planung übertragen.

Aus der Natur der Sache heraus läßt sich die Unternehmensstrategie nicht allzuoft ändern. Sie stellt den definitionsgemäß eigentlich unwiderruflichen Einsatz von Ressourcen bezogen auf höchst unsichere zukünftige Erwartungen dar. Folglich gibt es wenige Manager, die bei mehrfachen Änderungen unmittelbar beteiligt waren. Fast nie lassen sich Aufschlüsse darüber erlangen, welche Ergebnisse Strategiealternativen hervorgebracht hätten. In Strategieentscheidungen hat ausschließlich nur das Topmanagement Einsicht. Echte Konfrontation mit Strategieentscheidungen erfolgt nur im Höhepunkt einer Managerkarriere.

Weder Erfahrung noch Intuition können wesentliche Unterstützung bei der Formulierung einer Unternehmensstrategie bieten, selbst wenn sie für deren Durchführung von entscheidendem Gewicht sind.

Systematische Analyse des Wettbewerbsgleichgewichtes ist die einzige Technik, die Erfolge zeitigt.

Diese Art von Systemanalyse gehört allerdings nicht zu den normalen Fähigkeiten oder Erfahrungen eines Managers. Sie setzt Denkansätze voraus, die in ihrer Komplexität schwierig zu erwerben und zu erlernen sind.

Das Unternehmen mit einer Anzahl von Bereichen (Divisionen) und einer Vielzahl von Produkten und daher einer Fülle von überlappenden Wettbewerbsbeziehungen, das wegen der vielen möglichen Alternativen ein besonders komplexes Unternehmensstrategieproblem darstellt, eignet sich besonders zur Darstellung des von den anerkannt erfolgreichen Unternehmen bevorzugten Konzeptes strategischer Planung.

Gewinnzentren   Üblicherweise wird das Unternehmen in G e w i n n z e n t r e n aufgeteilt, die dann als unabhängige operative Einheiten behandelt werden.

Gewinnzentren bieten aber keine Lösung in dieser Komplexität strategischer Planung. Optimierung im einzelnen Gewinnzentrum führt fast immer zu einer Unteroptimierung für das Gesamtunternehmen.

Gewinnzentren können nicht unabhängig voneinander sein. Sie teilen sich in die gemeinsamen finanziellen Ressourcen, somit führt die Beanspruchung durch das eine Gewinnzentrum automatisch zu einer Einschränkung der verfügbaren Mittel für die anderen. Auch besitzt jedes Gewinnzentrum wahrscheinliche andere Möglichkeiten der Verwertung der verfügbaren Ressourcen. Seine Aktivitäten werden sich unterschiedlich auf die jeweiligen Mitbewerber auswirken. Optimierung der Ergebnisse setzt Optimierung der Wettbewerbsfähigkeit voraus. Unternehmenserfolg ist eine Funktion der Unternehmensstrategie und Kontrolle als Einheit und nicht als Summe einzelner Gewinnzentren oder Produktstrategien.

Produktportfoliostrategie, definiert als optimale Zusammenstellung des Produktprogramms, bietet eine reale Grundlage zum Aufbau einer Wettbewerbsüberlegenheit nicht nur für die großen, multinationalen Unternehmen, sondern auch für alle kleinen Firmen. Die einzelnen Produktmärkte können nicht alle gleich behandelt werden. Einige Produkte stellen günstige Investitionsgelegenheiten dar. Andere Produkte sollten die Investitionsmittel erwirtschaften. Gegenwärtige Gewinnerzielung sollte nicht Maßstab für den Erfolg, für eine Wertbestimmung oder für die Erreichung der gesetzten Ziele sein:

Produktportfoliostrategie als Grundlage

— einige Produkte erzielen hohe Gewinne, ihre Zukunft beschränkt sich aber auf die Schaffung von Liquidität. Sie bieten keine Investitionschancen mehr.

— andere Produkte erzielen im Moment kaum Gewinne oder gar Verluste, versprechen aber hohe Rentabilität für die notwendigen Investitionen.

— wieder andere Produkte scheinen gewinnträchtig, bieten aber nur beständigen Liquiditätsverzehr.

Die hier notwendigen Entscheidungen lassen sich nur schlecht aus Intuition ableiten. Die wenigsten Unternehmen sind für Entscheidungen auf der Basis des Portfoliosystems gerüstet. Jedes Produkt in einem Unternehmen mit mehreren Bereichen erfüllt einen anderen Zweck, erfordert eine unterschiedliche Zielsetzung. Die Anwendung identischer Aufgaben und Zielsetzungen für alle Gewinnzentren führt mit Sicherheit zu weniger optimalen Ergebnissen.

Der Nutzen jedes einzelnen Produktes im Portfolio eines Unternehmens kann nur in Relation zu den wichtigeren Mitbewerbern bestimmt werden. Entscheidend ist die wahrnehmbare, relative Wettbewerbsstärke.

Unternehmensstrategie stellt ein komplexeres Konzept dar als es in den Gewinnzentren vorausgesetzt wird. Dem Gewinnzentrum entspricht nicht ein unabhängiges Unternehmen. Es hat nicht die Beschränkungen wie eine selbständige Firma. Andererseits hat das einzelne kleinere Unternehmen nicht die gleichen Investitionsmöglichkeiten wie der Bereich in einem ausgeglichenen multidivisionalen Multiprodukt-Konzern. Die Zielsetzungen der operativen und administrativen Einheiten eines solchen Konzerns müssen über die einfachen Gewinnerzielungen hinausgehen. Keine dieser Einheiten kann seine Ziele definieren, bevor nicht die Konzernstrategie entwickelt worden ist.

Zielsetzung Liquidität

Die Kontrolle der Liquidität ist der integrierende Rückkopplungsmechanismus, der die Ergebnisoptimierung für den Konzern ermöglicht. Eine auf Liquidität, cash flow, basierende Unternehmensstrategie konzentriert sich auf den eigentlichen Erfolgsmaßstab: Wie schnell fließt die eingesetzte Liquidität zurück?

Alle anderen Erfolgsmaßstäbe lassen sich auf diesen zentralen Wertmaßstab zurückführen.

Die Investitionsmöglichkeiten eines Konzerns sind oft sehr vielfältig. Er kann seine Ressourcen dort konzentrieren, wo sie die höchste Produktivität versprechen. Eine derartige Konzentration bedingt aber eine Unternehmensstrategie, die zielgerichtet darauf angelegt ist, spezifische Mitbewerber in spezifischen Produkten, in spezifischer Folge zu überrunden. Solche Unternehmensstrategie ist weder Position noch Haltung, sie ist eine Folge von Bewegungen, von Aktionen.

Realer Erfolg für ein Multiprodukt-Unternehmen erfordert eine konzernweite Koordination von Sequenz und Timing im Einsatz der Ressourcen. Mangelnde Koordination verhindert in vielen Konzernen Renditen über denen von Einzelinvestitionen. Die überdurchschnittlichen Ergebnisse von Konzernen sind abhängig von der Organisation nach einer einheitlichen Unternehmensstrategie, nicht umgekehrt.

Das Fehlen einer Unternehmensstrategie bedeutet eine ernste Benachteiligung für jedes multidivisionale Unternehmen.

Es hat höhere Gemeinkosten, geringere Flexibilität, keinerlei gewichtige Vorteile, ausgenommen finanzielle Reserven. Die Organisation nach

Gewinnzentren deutet meistens auf mangelnde Unternehmensstrategie hin. Solche Unternehmen sind nicht einmal so erfolgreich wie die Summe ihrer Einzelbereiche. Sie stellen lediglich ein Portfolio nicht-liquider, nicht-handelbarer Investitionen dar, denen Gemeinkosten und Einschränkungen aufgesetzt wurden. Intuition ist eine unzureichende Substitution für eine integrierende strategische Planung, mit der sich das Management ohne Einschränkungen identifiziert.

Zweites Kapitel

Erfolgsfaktoren im Wettbewerb der Unternehmen

1. Bestimmungsfaktoren der Gesamtkapitalrentabilität

Voraussetzung für die Erstellung einer Unternehmensstrategie ist das Erkennen der Faktoren, die langfristig den Erfolg eines Unternehmens bestimmen. Angesichts der Tatsachen muß der Erfolg eines Unternehmens im Überleben als selbständige, rechtliche Einheit gesehen werden. Die Entscheidung hinsichtlich des Überlebens eines Unternehmens erfolgt in der Mehrzahl der Fälle über die Liquidität. Als Wertmaßstab unternehmerischen Erfolges ist die Liquidität in Form von cash flow – Analysen erst in jüngster Zeit stärker in den Vordergrund getreten. Die sich abzeichnende weltweite Verknappung des Investitionskapitals wird die Bedeutung der Liquidität als Wertmaßstab unternehmerischen Erfolges weiter anheben. Allgemein anerkannt als Wertmaßstab ist die Gesamtkapitalrentabilität (ROI), die natürlich über die Gewinnerzielung in enger Beziehung zur Liquidität (cash flow) steht.

Zunächst ist eine kurze Begriffserklärung der Größen Gesamtkapitalrentabilität (ROI) und cash flow zu geben. Unter der Gesamtkapitalrentabilität, dem sog. R e t u r n   o n   I n v e s t m e n t (ROI), versteht man die Beziehung des investierten Kapitals und des Umsatzes zum Gewinn. Mit dem c a s h   f l o w ist der Netto-Zugang an liquiden Mitteln gemeint, den eine Unternehmung aus dem Umsatz freisetzbar zu erwirtschaften vermag.

Die PIMS – (Profit Impact of Market Strategies) Studie des Marketing-Sciences Instituts und der Harvard Business School, durchgeführt von 1971 bis 1973 bei 57 Unternehmen mit 620 Geschäftsbereichen, hat sehr tiefgehende Einblicke in die Beziehungen zwischen strategischer Planung und Gewinnerzielung hervorgebracht. *Strategische Planung und Gewinnerzielung*

Diese Studie hat zu wesentlichen Fortschritten in folgenden Fragestellungen der strategischen Planung geführt:

- der Schätzung zukünftiger Gewinne
- der Zuteilung von Ressourcen
- der Bewertung von Managementarbeit
- der Beurteilung von Vorschlägen für neue Geschäfte.

In einem Mehrprodukt-Unternehmen werden die Planungen gewöhnlich von den jeweiligen Abteilungen oder Geschäftsbereichen erstellt. Diese Pläne werden dann von der zentralen Unternehmensleitung, oft mit Unterstützung von Stabsabteilungen, überprüft. Eine Schlüsselstellung in diesen Einzelplänen nehmen die Investitionsanforderungen und die Schätzungen zukünftiger Gewinne ein.

Oft sind diese Schätzungen lediglich Projektionen, basierend auf begrenzten Erfahrungen. Wie verläßlich aber ist die Vergangenheit als Führer in die Zukunft, wenn Veränderungen in der Marktstruktur erwartet werden oder ein Wechsel in der Unternehmensstrategie erwogen wird?

Ein wichtiger Grund für die Überprüfung der Planungen der Geschäftsbereiche auf der Ebene der Unternehmensleitung ist die Notwendigkeit möglichst optimaler Zuteilung von Ressourcen zwischen den verschiedenen Geschäftsbereichen. Oft übersteigen die Kapitalanforderungen die verfügbaren Mittel. In dieser Situation stellt sich die Frage: Welche Güter und Märkte versprechen den größten Ertrag? Die Gewinnschätzungen der Geschäftsbereiche bilden eine höchst zweifelhafte Entscheidungsgrundlage, da sie hier Verteidiger in eigener Sache sind.

Eng verwandt mit dem Problem der Schätzung zukünftiger Gewinne ist die Notwendigkeit der Bewertung erzielter Gewinne. Angenommen der Geschäftsbereich A erzielt 20 % vor Steuern auf seine Investitionen (ROI), der Geschäftsbereich B nur 10 %. Ist das Management von A doppelt so tüchtig wie B, und sollte sich das in der Entlohnung niederschlagen? Das Management von B wird dem sicherlich Unterschiede in den Wachstumsraten oder im Wettbewerb entgegenhalten, vielleicht sogar zu Recht. Die Unternehmensleitung benötigt hier einen Beurteilungsmaßstab, welcher ROI für die einzelnen Geschäftsbereiche unter den jeweils gegebenen Bedingungen normal oder angemessen ist.

Die Schätzung des ROI für ein neues Geschäft, resultierend entweder aus interner Entwicklung oder durch Akquisition, ist ein weiteres allgemeines Problem strategischer Planung. Erfahrung in dem neuen Geschäft ist nicht vorhanden und selbst im Falle einer Akquisition ist der gegenwärtige Geschäftserfolg von zweifelhafter Zuverlässigkeit als Maßstab für die Zukunft.

Obwohl die PIMS-Studie 37 Faktoren einschloß, die in verschiedenen Kombinationen den Gewinn beeinflussen, ist eine Beschränkung auf die folgenden drei Gewinndeterminanten wegen ihres alles überragenden Einflusses durchaus zulässig:

Gewinndeterminanten

- Unternehmensfaktoren
- Investitionsintensität
- Marktanteil

Die nachfolgende Analyse der wichtigsten Gewinndeterminanten Unternehmensfaktoren, Investitionsintensität und Marktanteil basiert auf folgendem Zahlenmaterial:

Beziehungen des Marktanteils zu den wichtigsten finanziellen und operationellen Relationen des Geschäftes der PIMS

	Marktanteil				
	Unter 10%	10%-20%	20%-30%	30%-40%	Über 40%
Kapitalstruktur:					
Investition/Umsatz	68.66	67.74	61.08	64.66	63.98
Forderungen/Umsatz	15.51	14.08	13.96	15.18	14.48
Bevorratung/Umsatz	9.30	8.97	8.68	8.68	8.16
Geschäftsergebnisse:					
Gewinn vor Steuern/Umsatz	0.16	3.42	4.84	7.60	13.16
Einkauf/Umsatz	45.40	39.90	39.40	32.60	33.00
Produktion/Umsatz	29.64	32.61	32.11	32.95	31.76
Marketing/Umsatz	10.60	9.88	9.06	10.45	8.57
F + E/Umsatz	2.60	2.40	2.83	3.18	3.55
Kapazitätsausnutzung	74.70	77.10	78.10	75.40	78.00
Produktqualität: Durchschnittprozente besser minus schlechter	14.50	20.40	20.40	20.10	43.00
Relativer Preis	2.72	2.73	2.65	2.66	2.39
Anzahl Geschäfte	156.00	179.00	105.00	67.00	87.00

Wachsender Marktanteil führt nur zu geringfügigem und unregelmäßigem Ansteigen der Kapitalumschlagziffer, eine Korrelation zur Kapitalausnutzung läßt sich nicht nachweisen. Die Vorteile hoher Marktanteile schlagen sich fast ausschließlich in Verbesserungen der Umsatzrentabilität nieder.

ROI als Funktion von Unternehmensgröße und Diversifikation

Unternehmensgröße in Mio

	niedrig unter $ 750	mittel $ 750-$ 1.500	hoch über $ 1.500
Durchschnittlicher ROI	15,8 %	12,5 %	21,7 %

Diversifikationsgrad

	niedrig	mittel	hoch
Durchschnittlicher ROI	16,1 %	12.9 %	22,1 %

Große Unternehmen zeigen den besten ROI, gefolgt von den kleinen Unternehmen. Mittlere Unternehmen weisen ein signifikant schlechteres Ergebnis auf.

Großunternehmen scheinen von "economies of scale" (fallende langfristige Stückkosten) zu profitieren. Die kleinen Unternehmen haben den Vorteil größerer Flexibilität. Die mittleren Unternehmen sind belastet mit den Organisationserfordernissen großer Unternehmen und haben die Flexiblität der kleineren verloren.

Ähnlich wie die Größenordnung wirkt auch die Diversifikation. Hoher Diversifikationsgrad zeigt die besten Ergebnisse (ROI), gefolgt von niedriger Diversifikation.

Stark diversifizierte Unternehmen scheinen ihre guten Ergebnisse ihrer Effektivität als "Generalisten" zu verdanken. Andererseits zeigen sich auch die eindeutigen Vorteile der Spezialisierung.

Relation von Marketingausgaben zu Umsatz bezogen auf Produktqualität

Produktqualität	Marketingausgaben		
	niedrig unter 6 %	mittel 6 % - 11 %	hoch über 11 %
schlechter	15,4 %	14,8 %	2,7 %
mittel	17,8 %	16,9 %	14,2 %
besser	25,2 %	25,5 %	19,8 %

Qualität und die Relation von Marketingkosten zu Umsatz wirken als Instrumente der Unternehmensstrategie auf den Gewinn.

Gewinndeterminante Produktqualität

Niedrige Qualität, d. h. gleichwertig oder etwas schlechter als die Mitbewerber führt mit höheren Marketingausgaben zu einer weiteren Ver-

Relation von Umsatzgröße und Marktanteil

Umsatz in Mio	Marktanteil		
	unter 12 %	12 % - 26 %	über 26 %
Unter $ 750	14,5 %	13,7 %	19,6 %
$ 750 - $ 1500	6,8 %	15,0 %	25,0 %
über $ 1500	12,0 %	17,8 %	29,4 %

Relation von Investitionsintensität zu Rentabilität

ROI Prozent	28,7 %	20,7 %	15,4 %	12,4 %	4,8 %
Investitionsintensität	unter 40,0 %	40,0 % -55,0 %	55,0 % -65,0 %	65,0 % -90,0 %	über 90,0 %

schlechterung des ROI. Es zahlt sich also nicht aus, ein schlechtes Produkt zu fördern.

Auch bei mittlerer oder guter Qualität wirken sich steigende Marketingausgaben negativ auf den Gewinn aus, wenn auch nicht annähernd so ausgeprägt wie bei schlechter Qualität. Produkte niedriger Qualität sollten also eine Wettbewerbskonfrontation über Marketingkosten unbedingt vermeiden.

Unternehmensgröße und Marktanteil beeinflussen sich positiv. Großunternehmen profitieren mehr von hohen Marktanteilen als mittlere oder kleine Unternehmen.

Hierin dokumentiert sich das Vermögen der Großunternehmen, starke Marktpositionen durch entsprechenden Einsatz von Management, Marketingbudget sowie Forschung und Entwicklung abzusichern. Kleineren Unternehmen hilft auch hier die bessere Anpassungsfähigkeit.

Gewinndeterminante Marktanteil

Investitionsintensität, die Relation von Gesamtinvestitionen zu Umsatz, erweist sich als noch stärkere Gewinndeterminante.

Gewinndeterminante Investionsintensität

Je höher die Investitionsintensität, desto niedriger der ROI. Als Erklärung läßt sich wahrscheinlich die Konzentration des Managements auf Kapazitätsausnutzung, die Fixierung auf die Technik anführen.

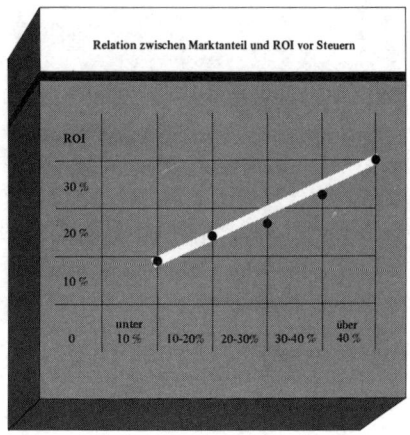

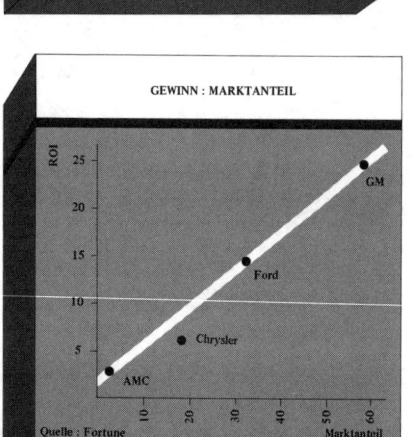

Interessante Beziehungen lassen sich zwischen Investitionsintensität und Unternehmensstrategie aufzeigen. Hohe Investitionsintensität korreliert negativ mit hohen Marketingausgaben, während bei niedriger Investitionsintensität und mittleren Marketingausgaben der ROI positiv beeinflußt wird. Ähnliche Wirkungen zeigen sich auch für die Ausgaben für Forschung und Entwicklung.

Relation von Investitionsintensität zu Marktanteil

Investitionsintensität	Marktanteil		
	unter 12 %	12 % - 26 %	über 26 %
Unter 45 %	21,2 %	26,9 %	34,6 %
45 % - 71 %	8,6 %	13,1 %	26,2 %
über 71 %	2,0 %	6,7 %	15,7 %

Die ausgeprägte Gewinnbeeinflussung durch das Verhältnis von Investitionsintensität zu Marktanteil ist keine Überraschung. Unternehmen mit niedriger Investitionsintensität bei hohem Marktanteil zeigten einen 17-fach besseren ROI (34,9 %) als Unternehmen mit hoher Investitionsintensität und niedrigem Marktanteil.

In den meisten Fällen bestimmen die Technologie und die Handelsusancen weitgehend die Investitionsintensität. Über Mechanisierungsgrad und Computernutzung kann das Management aber die Investitionsintensität begrenzt gestalten.

Weitaus am stärksten wird der Gewinn oder der ROI durch die Marktposition, durch den Marktanteil bestimmt. Durchschnittlich verbessert sich der ROI um je 5 % bei je 10 % Zuwachs an Marktanteil. Diese überaus wichtige Tatsache, die inzwischen weitestgehend akzeptiert wurde, wurde nicht nur durch die PIMS Studie eindeutig bewiesen, sie dokumentiert sich auch in den Ergebnissen solcher Unternehmen wie: IBM, XEROX, KODAK, MERCEDES oder in der amerikanischen Automobilindustrie.

Warum ist Marktanteil gewinnträchtig? Die natürlichste Erklärung für die besseren Gewinne von Unternehmen mit hohen Marktanteilen ist die Erreichung von "economies of scale" im Einkauf, in der Produktion, im Marketing und bei anderen Kostenfaktoren. Eng verwandt mit der obigen Erklärung ist das Phänomen der "experience curve", entwickelt durch die Boston Consulting Group.

Die besseren Gewinne von Unternehmen mit hohen Marktanteilen werden in anderer Form durch den Einsatz von Marktmacht erklärt. Die überlegene Größe ermöglicht härteres Verhandeln, die "Administration" der Preise und somit niedrigere Kosten bei gleichzeitig höherer Preiserzielung.

Gewinne durch Marktmacht und besseres Management

Die einfachste Erklärung der besseren Gewinne von Unternehmen mit hohen Marktanteilen wird mit der besseren Qualität des Managements gegeben, das Kosten besser kontrolliert, Produktivität anhebt und frühzeitig Marktchancen nutzt.

Unternehmen mit hohen Marktanteilen profitieren bis zu einem gewissen Grade von allen drei oben genannten Vorteilen. Diese überragende Bedeutung des Marktanteils als Erfolgsfaktor deutet an, daß jede Unternehmensstrategie auf einzelnen Produktstrategien und deren Interdependenzen, also auf P r o d u k t p o r t f o l i o m a n a g e m e n t , aufgebaut sein sollte.

Relation von Marktanteil und Produktqualität 1

Marktanteil	schlechter	mittel	besser
unter 12 %	4,5 %	10,4 %	<u>17,4 %</u>
12 % - 26 %	11,0 %	18,1 %	18,1 %
über 26 %	<u>19,5 %</u>	21,9 %	<u>28,3 %</u>

Die beste aller Welten liegt in der Kombination von hohem Marktanteil und überlegener Qualität (ROI 28,3 %). Aber selbst bei schlechterer Qualität gewährleistet ein hoher Marktanteil noch einen guten ROI (19,5 %). Andererseits vermag gute Qualität bis zu einem gewissen Grad die Nachteile eines schlechten Marktanteils auszugleichen (ROI 17,4 %).

Es scheint, als ob hoher Marktanteil und überlegene Qualität meistens gepaart sind:

Relation Marktanteil und Produktqualität 2

Prozent Geschäfte mit	Marktanteil		
	unter 12 %	12 % - 26 %	über 26 %
schlechter Qualität	47 %	33 %	20 %
mittlerer Qualität	30 %	36 %	30 %
besserer Qualität	23 %	31 %	50 %
Anzahl Geschäfte	169 %	176 %	176 %

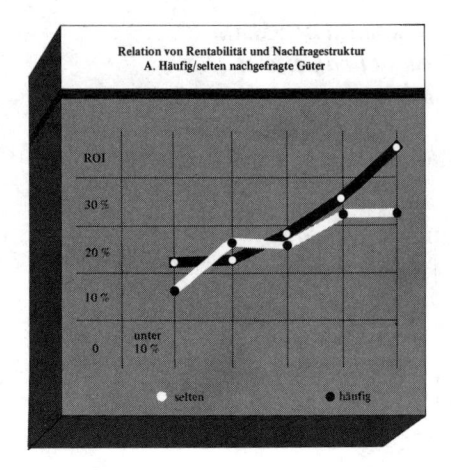

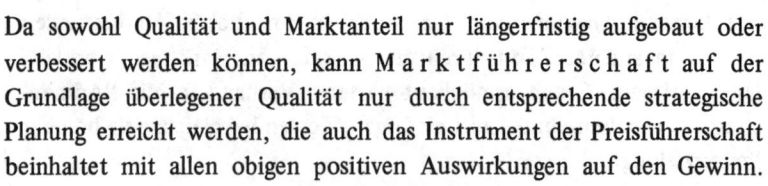

Da sowohl Qualität und Marktanteil nur längerfristig aufgebaut oder verbessert werden können, kann M a r k t f ü h r e r s c h a f t auf der Grundlage überlegener Qualität nur durch entsprechende strategische Planung erreicht werden, die auch das Instrument der Preisführerschaft beinhaltet mit allen obigen positiven Auswirkungen auf den Gewinn.

Relation Marktanteil zu dem Verhältnis von Forschung, Entwicklung Kosten und Umsatz

Marktanteil	niedrig unter 1,4 %	mittel 1,4 - 3,0 %	hoch über 3,0 %
Unter 12 %	11,4 %	9,8 %	4,9 %
12 % - 26 %	13,8 %	16,7 %	17,0 %
über 26 %	22,3 %	23,1 %	26,3 %

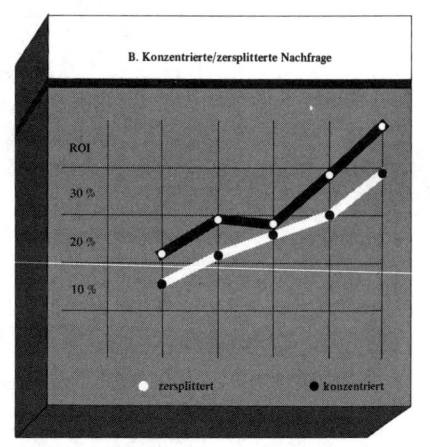

Marktführer geben wesentlich mehr für Forschung und Entwicklung aus. Diese Tatsache, kombiniert mit der üblicherweise besseren Qualität, führt zu einer Strategie der Produktführerschaft, die sich in entsprechend hohen Gewinnen dokumentiert. Die Kombination von überlegener Qualität und Preisführerschaft untermauert meistens eine überaus starke Marktposition.

Mit niedrigem Marktanteil ist die Situation genau umgekehrt. Hier verringern höhere Ausgaben für Forschung und Entwicklung den Gewinn. Statt hoher Ausgaben für Forschung und Entwicklung empfiehlt sich hier die Produkt-Imitation zur Deckung des Bedarfes an neuen Produkten.

Die Bedeutung des Marktanteils als überragende Gewinndeterminante variiert nach Geschäftsbereich und Marktsituation.

Der Marktanteil ist von größerem Gewicht für Güter, die diskontinuierlich gekauft werden, als für Güter, die häufig, mindestens einmal pro Monat, gekauft werden. Bei der ersteren Gruppe handelt es sich meistens um Investitionsgüter oder Gebrauchsgüter, deren Bewertung durch den Käufer schwierig ist. Er ist daher eher bereit, einen höheren Preis für die Sicherheit besserer Qualität zu zahlen. Güter des täglichen Bedarfs, wie Nahrungsmittel oder Bürobedarf, sind wegen des geringeren Risikos für Preisvergleiche durch den Käufer wesentlich anfälliger.

Bei dezentralisierter Nachfrage wirken sich die Vorteile hoher Marktanteile stärker aus als bei zentralisierter Nachfrage, da von den Nachfragern wahrscheinlich Druck auf die Preise ausgeübt werden kann.

Folgende Schlüsse lassen sich für die Erstellung einer Unternehmensstrategie ableiten:

Unternehmensstrategie: Marktanteil und Gewinn

1. Der Marktanteil, der Auskunft gibt über den abschätzbaren Verlauf von Kosten und Preisen als Funktion der Erfahrung (experience curve), ist von entscheidender Bedeutung für den Gewinn.

2. Der Wert zusätzlichen Marktanteils kann mit Hilfe der "experience curve" abgeschätzt werden.

3. Alle Güter haben irgendwann eine Phase relativ schnellen Wachstums durchlaufen. Während dieser Phase lassen sich Marktanteil und Marktführerschaft am schnellsten und am leichtesten gewinnen. In dieser Phase kosten Marktanteile weniger und sind mehr wert.

4. In Phasen langsameren Wachstums können Marktanteile nur auf Kosten der Mitbewerber errungen werden. In dieser Phase kosten Marktanteile mehr und sind weniger wert.

2. Marktanteilsstrategien

Die ausgeprägte Relation von Marktanteilen und Gewinnerzielung verlangt von der Unternehmensleitung strategische Zielsetzungen zur Erringung von Marktanteilen. Diese Zielsetzung ist eng verbunden mit den Zielsetzungen für Kapitalrentabilität, Investitionen und cash flow.

Die Beeinflussung des ROI durch Marktanteilsänderungen

	Marktanteilsstrategien		
	Aufbaustrategie 2 oder mehr Punkte plus	Verteidigungsstrategie weniger als 2 Punkte plus oder minus	Erntestrategie 2 oder mehr Punkte minus
Marktanteil 1970	Durchschnittliches ROI 1970 - 1972		
Unter 10 %	7,5 %	10,4 %	10,0 %
10 % - 20 %	13,3 %	12,6 %	14,5 %
20 % - 30 %	20,5 %	21,6 %	9,5 %
30 % - 40 %	24,1 %	24,6 %	7,3 %
40 % über	29,6 %	31,9 %	32,6 %

Welche Marktanteile realisierbar sind, hängt natürlich von sehr vielen Faktoren ab, wie u. a. der Stärke der Mitbewerber, den verfügbaren Ressourcen, der Bereitschaft des Managements, heutige Gewinne für zukünftige Ergebnisse aufzugeben.

Vereinfacht lassen sich Marktanteilsstrategien in 3 Gruppen einteilen:

- Aufbaustrategien
- Verteidigungsstrategien
- Erntestrategien

Aufbaustrategien   Aufbaustrategien zielen auf die Erhöhung von Marktanteilen durch aggressive Marketing- und Innovationsmaßnahmen ab. In vielen Märkten läßt sich eine ausreichende Rentabilität nur bei einer gewissen Mindesthöhe der Marktanteile erzielen. Fällt der Marktanteil darunter, stellt sich die strategische Alternative, Maßnahmen zur Erhöhung der Marktanteile durchzuführen oder Rückzug aus dem Markt. Überlegungen zum Ausbau von Marktanteilen sollten jedoch auf folgenden Erkenntnissen basieren:

1. Hohe Marktanteilszuwächse lassen sich selten kurzfristig erzielen.
2. Marktanteilszuwächse erfordern kurzfristig sehr hohen Aufwand.

Hohe Marktanteilszuwächse lassen sich am besten durch echte Innovationen erringen. Generell kostet jeder Prozent Marktanteilszuwachs mehr bei niedriger als bei hoher Ausgangsbasis.

Ob die Kosten zusätzlichen Marktanteils wieder hereingeholt werden können, ist eine Funktion der Größe der Zuwächse und der Zeitdauer der Realisierung. Bevor eine aggressive Marktanteilsstrategie beschlossen wird, muß die strategische Planung folgende drei Fragen positiv beantwortet haben:

1. Verfügt das Unternehmen über die notwendigen finanziellen Ressourcen?
2. Wird sich das Unternehmen auch dann in einer verteidigungsfähigen Position befinden, wenn seine Bemühungen zum Stillstand gezwungen werden, bevor das gesetzte Marktanteilsziel erreicht wurde?

3. Werden die regulativen Autoritäten die Erreichung der Marktanteilszielsetzung und die ausgewählte Strategie zulassen?

Fällt auch nur eine Antwort negativ aus, empfehlen sich Verteidigungsstrategien.

Für das etablierte Geschäft in relativ gereiften Märkten, also für die Mehrzahl, empfiehlt sich die am weitesten angewandte V e r t e i d i g u n g s s t r a t e g i e . Die zentrale Fragestellung dieser Marktanteilsstrategie ist:

Verteidigungs-strategie

Was ist der gewinnträchtigste Weg, um den gegebenen Marktanteil zu halten?

Die Antwort auf diese Fragestellung hängt wiederum von vielen Faktoren ab, wie u. a. die Wahrscheinlichkeit und Kosten neuer Technologien, die Stärke und Wachsamkeit der Mitbewerber, Zugang und Veränderung in den Ressourcen. Vor allem die Fülle möglicher Mitbewerberkonstellationen läßt nur wenige allgemein "gültige" Aussagen zu.

1. Die Rentabilität steigt mit dem Marktanteil.

2. Bei hohem Marktanteil führen überproportionale Ausgaben für Marketing sowie Forschung und Entwicklung zu zusätzlicher Rentabilität.

3. Hoher Marktanteil sollte durch Preisführerschaft untermauert werden.

4. Bei niedrigem Marktanteil empfehlen sich Preisforderungen unter dem Durchschnitt des führenden Mitbewerber, unterdurchschnittliche Ausgaben für Marketing sowie Forschung und Entwicklung.

Die E r n t e s t r a t e g i e als das genaue Gegenteil der Aufbaustrategie läßt einen Rückgang des Marktanteils zur Verbesserung von kurzfristigem Gewinn und cash flow bewußt zu.

Erntestrategie

Aus welchen Gründen auch immer diese Strategie angewendet wird, die zum echten Erfolg einen gewissen Mindestmarktanteil voraussetzt, sie bedeutet einen "Verkauf" von Marktanteilen. Wann empfiehlt sich diese Strategie, vorausgesetzt es liegt überhaupt eine Wahlmöglichkeit vor?

Die Realisierung von Marktanteilen führt kurzfristig direkt zu einer Verbesserung der Gewinne. Langfristig dagegen bedeutet es in der Regel eine Verschlechterung, deren Ausmaß von Veränderungen der Technologie, der Mitbewerberstruktur und den Ressourcen abhängt. Die subjektive Einschätzung des Managements kann natürlich durch die kurzfristigen Aspekte geprägt sein.

3. Das Konzept der "experience curve"

Das Management, das folgende grundlegenden Fragestellungen, die sich mit der Bestimmung von Marktstrategien ergeben, beantworten kann, verfügt über einen gewichtigen strategischen Wettbewerbsvorteil:

1. Warum ist dieses Produkt so ertragreich, jenes ein Verlustbringer?

2. Welchen Wert hat zusätzlicher Marktanteil für ein bestimmtes Produkt?

3. Was sind die Gesamtkosten des Verlustes an Marktanteil?

4. Wie entwickeln sich die Kosten der Hauptmitbewerber?

5. Welcher Preis soll für dieses neue Produkt festgelegt werden?

6. Soll der Preis gesenkt werden? Wann? Um wieviel?

7. Um wieviel Einheiten soll die Produktionskapazität erhöht werden? Wann?

8. Wo werden die Preise nächstes Jahr liegen? In 5 Jahren?

9. Warum sind sie plötzlich so scharf abgefallen? Wann wird dieser Abfall enden?

Alle diese Fragestellungen laufen auf eine fundamentale Frage hinaus:

Warum übertrifft ein Mitbewerber die anderen? Gibt es einige Grundregeln für den Unternehmenserfolg?

Entwicklung der "experience curve"

Es scheint tatsächlich einige Grundregeln in diesem Zusammenhang zu geben und sie beziehen sich auf die Auswirkungen von akkumulierter Erfahrung auf die Kosten der Wettbewerber, die Preise und die Interdependenzen zwischen diesen beiden. Zunächst wurden Erfahrungen aus der amerikanischen Flugzeugindustrie zur Theorie der "learning curves" und später "progress functions" entwickelt. In den Jahren 1965 und 1966 wurden diese Beobachtungen zu dem Konzept der "experience curve" weiterentwickelt, die alle Kostenentwicklungen, eingeschlossen Investitionen, Forschung und Entwicklung, Administration und Marketing, berücksichtigt.

Ausgangspunkt der "experience curve" ist die Erfahrungstatsache, daß der Preis für ein neues Produkt nach der Einführung und mit allgemeiner Durchsetzung im Markt sinkt. Hunderte von Untersuchungen in der Praxis durch die Boston Consulting Group haben nun ein typisches Muster erkennen lassen, in dem die Preise prozentual konstant mit jeder Verdoppelung der durch die Gesamtbranche produzierten Einheiten sinkt. Diese Preissenkungen nach einem vorgegebenen Muster setzen natürlich entsprechende Kostensenkungen der sich im Konkurrenzkampf bekämpfenden Mitbewerber voraus.

Die Gesamtstückkosten sinken als Funktion der akkumulierten Erfahrung der Branche. Diese Erfahrungstatsache wurde zum Konzept der "experience curve".

Stellvertretend für viele hundert Beispiele dokumentieren die folgenden vier Fälle die grundlegende Beziehung zwischen realen Preisen und "Erfahrung".

Der Bruch im Markt für Papiertaschentücher ist auf eine Strukturänderung in der Distribution zurückzuführen.

Rostfrei Stahl steht stellvertretend für einen langsam wachsenden Markt.

Die Gültigkeit für Dienstleistungen unterstreicht das Beispiel für Lebensversicherungen.

Bei den integrierten Schaltungen handelt es sich um monatliche Preise, ein besonders schnell wachsender Markt.

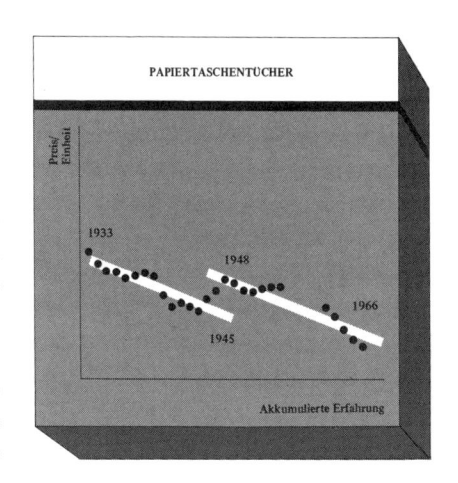

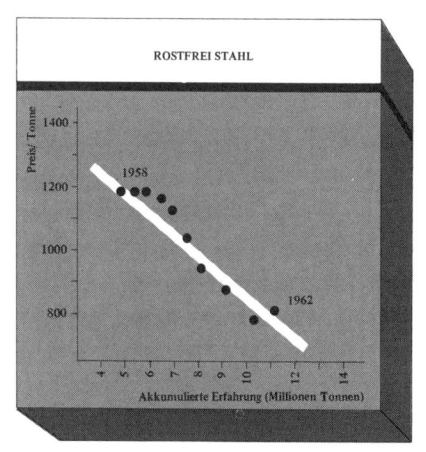

Im Konzept der "experience curve" dokumentieren sich vor allem pragmatische Beobachtungen von Hunderten von realen Märkten. Die folgenden Schlußfolgerungen stellen lediglich logische, aber weitreichende Konsequenzen dar:

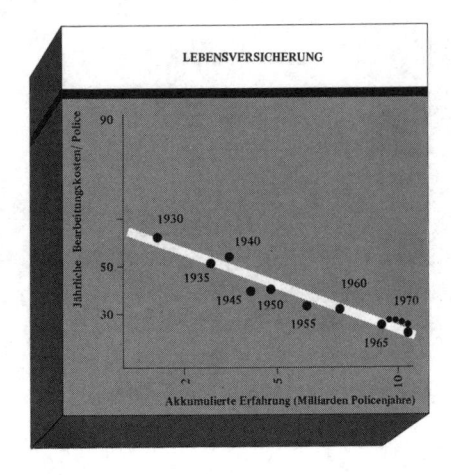

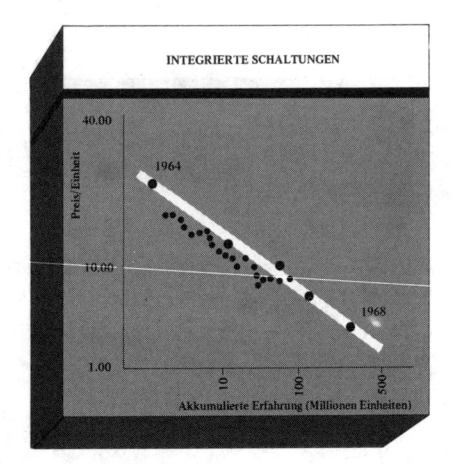

1. Die Stabilität der Wettbewerbsbeziehungen erscheint bestimmbar.

2. Der Wert von Marktanteilsveränderungen wird quantifizierbar.

3. Die Auswirkungen der Wachstumsrate eines Marktes lassen sich abschätzen.

4. In die Entscheidung über Auftrags- oder Eigenproduktion wird ein neuer Entwicklungsfaktor eingeführt.

5. Die Analyse des Lebenszyklus eines Produktes wird weiter erhellt.

6. Der Wert der Konzentration von Produktionen bekommt einen neuen Aspekt.

7. Die Unvollkommenheit konventioneller Investitionsanalyse wird offenbar.

8. Die strategische Planung neuer Geschäftsbereiche erhält eine zusätzliche Dimension.

Die grundlegenden Beziehungen zwischen Kosten, Wachstumsrate und Marktanteil erscheinen betriebswirtschaftlich so fundamental, daß viele Wettbewerbs-, Investitions-, Kosten- und Preistheorien überarbeitet werden müssen.

Sind einige allgemeine Daten über den jeweiligen Markt gegeben, kann das Management die eigene zukünftige Kostenentwicklung und die der Mitbewerber abschätzen. In der Mehrzahl der Fälle reduzieren sich die realen Kosten zwischen 20 % und 30 % bei jeder Verdoppelung der Gesamtproduktion eines jeweiligen Marktes oder einer Branche. Die Kostensenkungen, die bemerkenswert konstant von einem Industriebereich zum anderen erfolgen, ergeben sich natürlich nicht automatisch, sondern bedürfen des energischen Engagements des Managements, das sein Unternehmen profitabel und wettbewerbsfähig halten will. Das Konzept der "experience curve" enthält ein Kostensenkungspotential für das einzelne Unternehmen, jedoch keine Gewißheit, daß das Potential auch voll genutzt wird.

Werden Kosten oder Preis pro Einheit in der Vertikalen den akkumulierten Produktionseinheiten in der Horizontalen gegenübergestellt, dann ergibt sich eine typische Kurve auf einer linearen Skala oder eine Gerade auf der doppelten logarithmischen Skala. Der Neigungsgrad der Geraden entspricht der Zuwachsrate an "Erfahrung", basierend auf der Anzahl Einheiten, nicht der Zeit. Die Wachstumsrate der Produktion oder des Marktes stellt einen wichtigen Faktor bei der Interpretation der Erfahrungskurven dar. Wenn die Produktion eines Gutes nicht ansteigt, dann verringert sich die Kostensenkungsrate Jahr für Jahr allmählich und nähert sich Null, wie die nebenstehende Darstellung zeigt, in der jeder Punkt dem nächstfolgenden Produktionsjahr konstanter Menge entspricht.

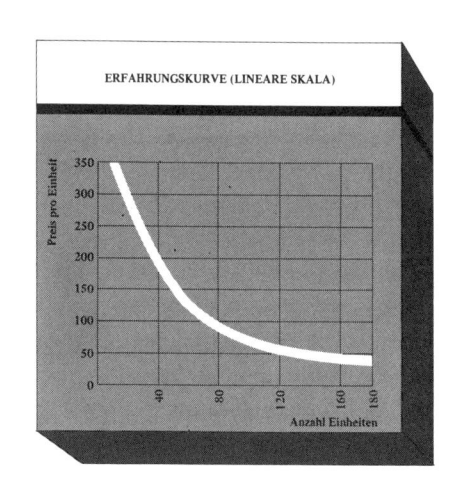

Jahr	Produktion	akkumulierte Erfahrung	Prozent Zuwachs an gesamter Erfahrung
1	1	1	-
2	1	2	100
3	1	3	50
4	1	4	33 1/2
5	1	5	25
6	1	6	20
7	1	7	16 1/2
8	1	8	14
9	1	9	12 1/2
10	1	10	11
11	1	11	10
12	1	12	9
13	1	13	8 1/2
14	1	14	7 1/2
15	1	15	7

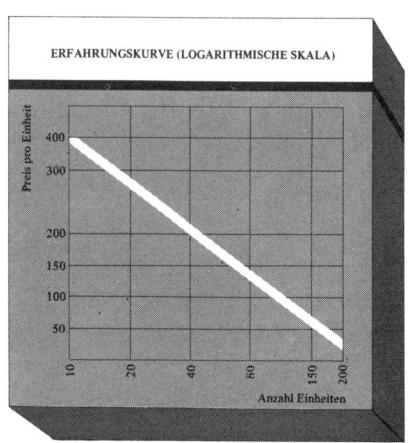

Erhöht sich die Produktion jährlich um einen konstanten Prozentsatz, dann ergibt jedes Jahr an Produktionserfahrung etwa den gleichen Effekt auf die Kosten, wie die allmählich gleich groß erscheinenden Abstände auf der nebenstehenden Darstellung verdeutlichen.

Jahr	Produktion (10 % Wachstum)	akkumulierte Erfahrung	Prozent Zuwachs an gesamter Erfahrung
1	1.00	1.00	
2	1.10	2.10	110.1
3	1.21	3.31	57.6
4	1.33	4.64	40.2
5	1.46	6.11	31.5
6	1.61	7.81	26.4
7	1.77	9.58	22.7
8	1.95	11.53	20.4
9	2.14	13.67	18.6
10	2.35	16.02	17.2
11	2.59	18.61	16.2
12	2.85	21.46	15.3
13	3.14	24.60	14.6
14	3.45	28.05	14.0
15	3.80	31.85	13.5 (nähert sich 10 %)

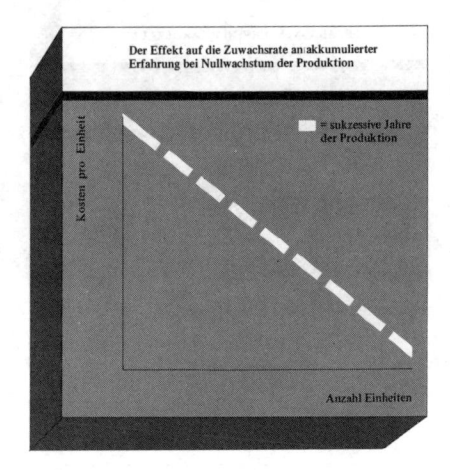

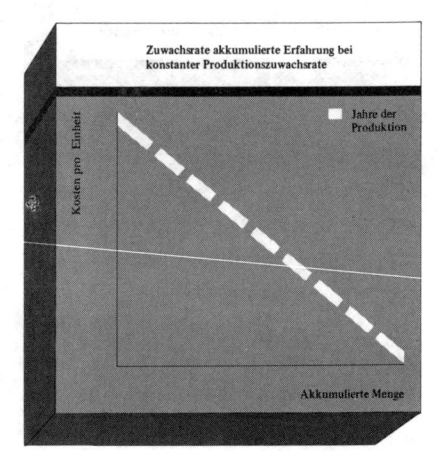

Der Effekt auf die Zuwachsrate an akkumulierter Erfahrung bei Nullwachstum der Produktion

Kosten pro Einheit

☐ = sukzessive Jahre der Produktion

Anzahl Einheiten

Zuwachsrate akkumulierte Erfahrung bei konstanter Produktionszuwachsrate

Kosten pro Einheit

☐ Jahre der Produktion

Akkumulierte Menge

Markt- anteil		Akkumulierte Erfahrung				Markt- anteil
		Jahr 1	Jahr 2	Jahr 3	Jahr 4	
100 %	Industrie	10.00	12.00	14.40	17.20	Industrie
20 %	A	2.00	2.40	2.88	3.46	A
10 %	B	1.00	1.20	1.44	1.73	B

Bewahren Mitbewerber ihre relativen Marktanteile und weisen sie etwa gleichwertige Erfahrungen auf, dann entwickeln sich ihre Kosten tendenziell parallel, wie die Darstellung zeigt, die unterstellt, daß das Unternehmen A anfänglich niedrigere Kosten, d. h. einen höheren Marktanteil, aufweist als Unternehmen B. Wenn ein Produkt sehr langsam wächst, wird der kennzeichnende Verlauf von Kostensenkungen als Funktion akkumulierter Erfahrung oft durch vielfältige Einflüsse überdeckt. Schnelles Wachstum läßt die Auswirkungen von Erfahrung auf die Kosten umso deutlicher hervortreten. Diese Tatsachen müssen sich auf die strategische Planung auswirken. Steigen die Produktionseinheiten stark an, ergeben sich schnelle Veränderungen in den Wettbewerbsfähigkeiten als Folge der Kostenänderungen. Die Auswirkungen der a k k u m u l i e r t e n   E r f a h r u n g   auf die Kosten zeigen sich kurzfristig und sehr deutlich, weil das Produktionsvolumen jedes nachfolgenden Jahres einen entsprechend hohen Prozentsatz der gesamten vorherigen akkumulierten Erfahrung ausmacht. Tritt ein Produkt in die Reifephase ein, in der die Wachstumsraten schrumpfen, verringert sich auch die Entwicklungsrate der Kostenunterschiede, da das Produktionsvolumen jedes nachfolgenden Jahres einem entsprechend geringen Prozentsatz der gesamten vorherigen akkumulierten Erfahrung entspricht. Im Zeitablauf stabilisieren sich die Kosten so, daß selbst das Verschwinden eines gewichtigen Mitbewerbers kaum Bewegung im Kostengefüge hervorruft. Bei einem echten Wachstumsprodukt verdoppelt sich die akkumulierte Erfahrung in einer sehr kurzen Periode, wie die nachfolgende Übersicht zeigt:

Jährl. Wachstumsrate d. Produktion	3 % 9 %	4 % 10 %	5 % 12 %	6 % 15 %	7 % 19 %	8 % 26 %
Anzahl Jahre erforderlich zur Duplikation der bish. akk. Erfahrung (ungef.)	24 8	18 7	15 6	12 5	10 4	9 3

Diese Interdependenzen werden oft noch durch Preismaßnahmen akzentuiert. Die nachstehende Übersicht zeigt die zur Verdoppelung der bisherigen akkumulierten Erfahrung erforderliche Zeitperiode, wenn der Umsatz mit einer bestimmten Rate steigt und die Preise jedesmal mit den angegebenen Prozentsätzen sinken, wenn sich die bisherige akkumulierte Erfahrung verdoppelt hat:

	Preissenkung bei jeder Verdoppelung des Absatzes				
	0 %	10 %	20 %	30 %	40 %
Wachstumsrate des Umsatzes jährlich in %	3,0	24,0	20,0	16,0	11,5	6,5
	4,0	18,0	15,0	12,0	8,5	5,0
	5,0	15,0	12,0	10,0	7,0	4,0
	6,0	12,0	10,0	8,0	6,0	3,0
	7,0	10,0	9,0	7,0	5,0	3,0
	8,0	9,0	7,5	6,0	4,5	2,5
	9,0	8,0	7,0	5,5	4,0	2,0 +
	10,0	7,0	6,0	5,0	3,5	2,0
	12,0	6,0	5,0	4,0	3,5	2,0
	15,0	5,0	4,0	3,0 +	2,0 +	1,33
	19,0	4,0	3,5	3,0 -	2,0	1,0
	26,0	3,0	2,5	2,0	1,5	1,0

Anzahl Jahre erforderlich zur Verdoppelung des Absatzes

Die obigen Interdependenzen lassen sich auch in Form eines Vergleiches von Wachstumsrate des Absatzes zu Umsatzes aufzeigen:

	Wenn die Preissenkung bei jeder Absatzverdoppelung					
	0 %	10 %	20 %	30 %	40 %	50 % ist,
und der Umsatz jährlich wächst um ..... %	3	3	3,6	4,4	6,3	11,2	unendlich
	4	4	4,8	6,0	8,5	14,9	unendlich
	5	5	6,0	7,2	10,5	19,0	unendlich
	6	6	7,2	9,1	12,3		unendlich
	7	7	8,0	10,4	14,9		unendlich
	8	8	9,7	12,3	16,8		unendlich
	9	9	10,5	13,4	19,0		unendlich
	10	10	12,3	14,9			unendlich
	12	12	14,9	19,0			unendlich
	15	15	19,0				unendlich
	19	19		Normalbereich			
	26	26					

dann ist die jährliche Wachstumsrate des Absatzes

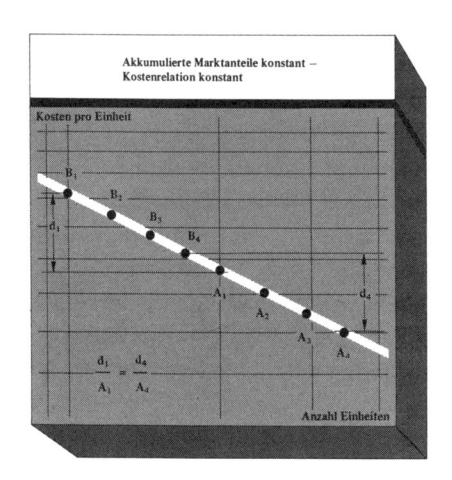

Wird ein jährliches Umsatzwachstum von 10 % und mehr zur Definition eines Wachstumsprodukts angenommen, dann

1. verdoppelt sich der Absatz in 7 Jahren auch ohne jede Preissenkung,

2. verdoppelt sich der Absatz in 6 Jahren bei einer Preissenkung von 10 % mit jeder Verdoppelung akkumulierter Erfahrung,

3. verdoppelt sich der Absatz in weniger als 4 Jahren bei einer entsprechenden Preissenkung von 30 %.

Wachstumsprodukte und Investitionsdynamik

Die Wettbewerbsbeziehungen für ein Wachstumsprodukt erscheinen zunehmend instabil, wenn die Preise nicht zwischen 20 und 30 % sinken. Das bedeutet, daß sich für jedes echte Wachstumsprodukt der Absatz der Branche in etwa 3 Jahren verdoppelt. Die Konsequenzen für Investitionen zur Steigerung der Produktionskapazitäten, einmal abgesehen von Investitionen zur Steigerung des Marktanteils, sind evident. Mangelndes Verständnis dieser Investitionsdynamik hat viele Unternehmen ohne ausreichende Ressourcen in marginalen Marktpositionen enden lassen.

Als weitere Konsequenz hoher Wachstumsraten läßt sich ableiten, daß Marktanteilsänderungen einen außerordentlich hohen Wert besitzen und in relativ kurzer Zeit durchgeführt werden können. Marktanteilszuwächse bedeuten Kostensenkungen über dem Durchschnitt der Branche:

1. Kann ein neuer Mitbewerber nur 50 % der Wachstumsrate des Marktes übernehmen, wird er 25 % Gesamtmarktanteil nach den 3 bis 5 Jahren besitzen, in denen sich die Erfahrung verdoppelt.

2. Gelingt es einem Mitbewerber mit 25 % akkumulierter Erfahrung, diese zu verdoppeln, sollte er die relativen Kosten pro Einheit um 25 bis 30 % senken können. Diese Entwicklung verstärkt sich dramatisch. Zur Erlangung der zusätzlichen Erfahrung muß der Marktanteil mehr als verdoppelt werden. Dies allein wird den Effekt der zusätzlichen Gewinne aus den Kostensenkungen mehr als verdoppeln.

3. Erfolgt dieser Vorgang in einer Phase, in der sich das Volumen des Gesamtmarktes verdoppelt, wird der Effekt des zusätzlichen Gewinns noch einmal verdoppelt.

Es lassen sich Marktsituationen vorstellen, in der die zusätzlichen Gewinne aus der Verdoppelung des Marktanteils den gesamten Produktionskosten von nur wenigen Jahren zuvor entsprechen. Für Wachstumsprodukte kann die Belohnung für zusätzlichen Marktanteil schnell und sehr hoch sein. Oft kann sich auch eine sehr hohe Investition für einen zusätzlichen Marktanteil bei Wachstumsproduktion als ein durchaus niedriger Preis erweisen.

Die Kosten-Mengen-Analyse ist ein mächtiges konzeptionelles und analytisches Instrument, das aber einige Beschränkungen aufweist, die sorgfältig beachtet werden sollten.

Kostendaten für Vergleichszwecke sind meistens schwierig zu erlangen. In fast allen Unternehmen sind sie ein sorgfältig gehütetes Geheimnis. Unterschiedliche Buchhaltungsmethoden erschweren Vergleiche. Für ein Einzelprodukt sinken die Kosten meistens nicht kontinuierlich sondern diskontinuierlich, entsprechend spezifischer Änderungen in den Produktionstechniken, -methoden, -prozessen, -gestaltungen, -kapazitätsausnutzungen und -kapazitätserhöhungen.

Daher eignet sich das Instrument der Erfahrungskurve nicht für kurzfristige Analysen und zur operativen Kontrolle. Es dient mehr dem Verständnis der Interdependenzen einer großen Anzahl unterschiedlicher Faktoren wie Wettbewerb, Wahrscheinlichkeiten und Technologien, die nur langfristig sichtbar werden, als der Messung kurzfristiger Resultate.

Eingeschränkte Aussagekraft der "experience curve"

Auch beschränkt sich die Beziehung auf die jeweils in dem Unternehmen oder der Branche geschaffene Wertschöpfung. Die Produktdefinition wird damit sehr bedeutsam. Kuppelproduktionen werfen spezielle Problemstellungen auf. Substantielle Unterschiede im Zugang zu Ressourcen verzerren die Ergebnisse. Inflationsauswirkungen müssen ebenso eliminiert werden wie schwerwiegende Produktänderungen.

Trotz all dieser Einschränkungen zeigen die vielen Hunderte von Untersuchungen der Boston Consulting Group eine bemerkenswerte Übereinstimmung der Ergebnisse. Die Kosten-Mengenbeziehung der Erfahrungskurve konnte immer wieder nachgewiesen werden.

Ferner ergab sich eine sehr hohe Korrelation zwischen der tatsächlichen Kostenentwicklung und theoretischen Kostentrends, die aus tatsächlichen Preisentwicklungen abgeleitet wurden. Als Erklärung für den der Erfahrungskurve zugrundeliegenden Kostentrend lassen sich die Interdependenzen der folgenden vier Faktoren anführen:

1. "economies of scale"
2. kostensenkende Investitionen
3. Änderungen der Technologie
4. Effekte der Erfahrungskurve

In vielen Industrien, vor allem im Flugzeugbau und in der Elektronikindustrie dienen Erfahrungskurven der Zielsetzung von Produktionskostensenkungen und des Einkaufes. Viele Produktions- und Vertriebsaktivitäten folgen der 70° - Erfahrungskurve, d. h. bei Verdoppelung der Erfahrung sinken die Kosten um 30 %.

Für den E i n k a u f lassen sich folgende Richtlinien aus der Kostenanalyse der Erfahrungskurven ableiten:

1. Sinken die Preise nicht entsprechend den Kosten, dann zahlen die Käufer für zusätzliche Dienstleistungen, die für sie von Wert sein mögen oder auch nicht.

2. Sinken die Preise nicht entsprechend den Kosten, wird die Preisstruktur zunehmend instabil.

3. Überproportionale Preisänderungen in Relationen zu Kostenänderungen, setzen sich, einmal begonnen, meistens über mehrere Jahre hindurch fort.

4. Bei einer potentiell instabilen Preisstruktur kann der Mitbewerber mit dem niedrigsten Marktanteil, also der höchsten Kostenbasis, die größten Vorteile aus zusätzlichen Marktanteilen ziehen.

5. Sinken die Preise nicht entsprechend den Kosten, wird die instabile Preisstruktur fast immer durch den schwächsten Mitbewerber zerbrochen.

Diese Preis-Kosten Relation kann der Einkauf in vielfältiger Weise — vom kompliziertesten Vertrag für Militärgüter bis zum einfachsten Angebot — nutzen. Die Zielsetzung für den Einkäufer ist klar vorgegeben: er muß seine Einkaufsverhandlungen mit dem Anbieter beginnen, der aus zusätzlichen Marktanteilen am meisten profitieren kann. Mit diesem Anbieter sind dann Preise auszuhandeln, die auf seinem Verlauf der Erfahrungskurve basieren. Danach sollten diesem Anbieter noch zusätzliche Aufträge zufließen, um den Kostenabstieg entlang der Erfahrungskurve noch zu beschleunigen. Einkäufer können also Erfahrungskurven verwenden, um:

1. Zielsetzungen für sinkende Einkaufspreise festzulegen.

2. Die Wahrscheinlichkeiten für Preisstabilität zu ermitteln.

3. Den Rahmen für Vertragsanreize abzustecken.

Dabei müssen die folgenden technischen Aspekte der Erfahrungskurve Berücksichtigung finden:

1. Erfahrungskurven basieren auf realen Werten. 2 % Inflation kann den Effekt von 7 % Mengenausweitung eliminieren.

2. Entscheidend ist die akkumulierte Erfahrung aus den Mengen, nicht dem Umsatz. Sinken die Preise entsprechend den Kosten, nähert sich die Zuwachsrate des Absatzes der zweifachen Höhe des Umsatzes.

3. Erfahrungskurven können nicht Anwendung finden, wenn wichtige Kosten- oder Preiselemente durch Patente, Marktmonopole, Beherrschung von Rohstoffen oder öffentliche Reglementierungen beeinflußt werden.

Vielleicht stellt die vielbeschworene technologische Lücke nur einen Niveauunterschied in Erfahrung dar. Die Positionsunterschiede auf der Erfahrungskurve für Militärgüter sind inzwischen sogar den extrem nationalbewußten Franzosen klar geworden.

Konventionelle betriebswirtschaftliche Theorien haben die durch Technologien, economies of scale und kostensenkende Investitionen hervorgerufenen dynamischen Systemeffekte auf Wettbewerbsgleichgewichte noch nicht in ausreichendem Maße berücksichtigt. Das Auto, Flugzeug und Telefon wurden kommerzielle Produkte im Arbeitsleben der noch aktiven älteren Managergeneration. Fernsehen, Radar, Kühlschränke und Ozeanflüge benötigten nur den Zeitraum im Arbeitsleben der Kinder. Nach der Geburt der Enkelkinder wurden Produkte wie Düsenflugzeuge, Datenverarbeitungsanlagen und Nachrichtensatelliten kommerziell bedeutsam.

Kostensenkende Auswirkungen neuer Technologien

Dramatische Strukturänderungen wurden jedoch nicht durch diese neuen Produkte bewirkt, sondern durch die kostensenkenden Auswirkungen neuer Technologien. Ein elektronischer Taschenrechner kostet heute soviel wie ein Rechenstab vor 10 Jahren. Ein Ozeanflug ist unter DM 1000,-- zu haben und ein Telefongespräch nach den USA ist unter DM 20,-- möglich.

Kein Produkt kann sich dieser Entwicklung entziehen. Es läßt sich entweder verbessern, billiger herstellen oder verschwindet so schnell vom Markt wie der Rechenschieber. Hier sind fundamentale Kräfte am Werk. Sie lassen sich identifizieren, aber gegenwärtig nur zum Teil erklären. Alle Güter scheinen einem vorgezeichneten Muster der Kostenentwicklung zu folgen. Die Ursachen mögen im Bereich der Technologie, wie bei den Rechenschiebern, oder im Bereich des Wettbewerbs, wie bei den Ozeandampfern, liegen, die Ergebnisse sind die gleichen.

Die Ergebnisse der Erfahrungskurve gelten nicht nur für einzelne Güter oder Dienstleistungen, sondern auch für den Wechsel von Produktgenerationen.

Eigentlich sollten die Tatsachen des Konzeptes der Erfahrungskurve offensichtlich sein. Kosten sollten mit zunehmender Erfahrung, Massenproduktion, Produktentwicklung, Produktionstechnikenverbesserung, mit zunehmendem Know-how und besseren Werkzeugen, mit der Verdrängung von weniger effizienten Herstellern durch produktivere Anbieter, s i n k e n. Die Auswirkungen sind allerdings weitreichend:

1. Der Hersteller bleibt nicht wettbewerbsfähig, der seine Kosten nicht zumindest entsprechend der Erfahrungskurve der Branche senken kann.

2. Der Hersteller mit dem höchsten akkumulierten Marktanteil sollte die niedrigsten Kosten aufweisen.

3. Fast alle neuen Produkte müssen zunächst zu Preisen unter den Kosten eingeführt werden.

4. Preise müssen sich schließlich parallel zu den Kosten bewegen, wenn überhaupt Wettbewerb vorliegt.

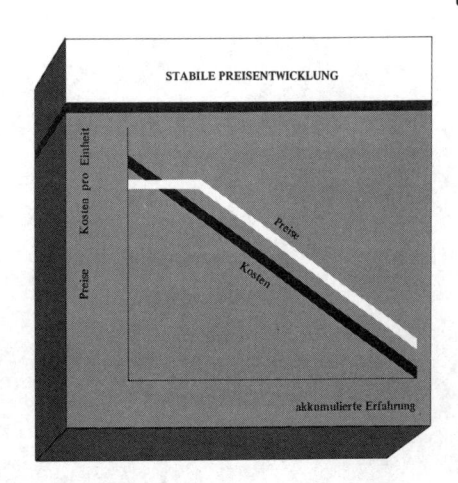

5. Für ein Wachstumsprodukt ist Marktanteil außerordentlich wertvoll und in gewissen Grenzen ist sein Wert quantifizierbar.

6. Marktanteile bleiben instabil, entweder bis sich ein Marktführer herausgebildet hat, dessen Preise niedrig genug sind, das Anwachsen relativer Marktanteile gewichtiger Mitbewerber zu verhindern, oder bis zur Reifephase.

Die K o n s e q u e n z e n für das Management sind gravierend. Es gibt keine natürlich stabilen Wettbewerbsbeziehungen für irgendein Produkt, bis ein Mitbewerber einen beherrschenden Marktanteil errungen hat und bis das Marktwachstum für dieses Produkt sich verringert. Unter stabilen Wettbewerbsbeziehungen ist die Gewinnerzielung der einzelnen Mitbewerber für das Produkt eine Funktion ihrer akkumulierten Erfahrung. Solange diese Bedingungen nicht gegeben sind, bleiben die Wettbewerbsbeziehungen instabil und werden sich ändern, bis bei Erreichung der obigen Bedingungen Stabilität eintreten kann.

Voraussetzung für stabilen Wettbewerb

Die Preisentwicklung muß nach dem Muster der Kostenentwicklung verlaufen, wenn die Wettbewerbsbeziehungen stabil bleiben sollen. Ist das nicht der Fall, werden die Wettbewerbsbeziehungen zunehmend instabil. Jeder Manager, der die Preisentwicklung in der Zukunft besser als seine Mitbewerber vorhersagen kann, verfügt über einen gewichtigen strategischen Wettbewerbsvorteil. Preisdaten und Produktionsmengen sind für alle Produkte wesentlich leichter zu ermitteln als Kostendaten. Die Preisentwicklung folgt fast immer, es gibt in der Praxis kaum Zwischenformen, einem der beiden typischen Verläufe.

Wo sich die Preise im Zeitablauf parallel zu den Kosten entwickeln, stellt sich die Preiskurve als gerade Linie auf der doppelt logarithmischen Skala dar. Diese Preisentwicklung ist ein Kennzeichen für wettbewerbsintensive, schnell wachsende, technologische Industrien.

Wenn die Preise in den ersten Jahren nicht im Ausmaß der Kosten sinken, die negative Gewinnmarge allmählich positiv wird, werden Mitbewerber angezogen, unter deren Druck die 90° - Kurve, d. h. Preissenkungen von 10 % mit jeder Verdoppelung der Erfahrung, plötzlich in eine 60° - Kurve verwandelt wird. In dieser Phase starker Preissenkungen tritt eine Bereinigung unter den Mitbewerbern ein.

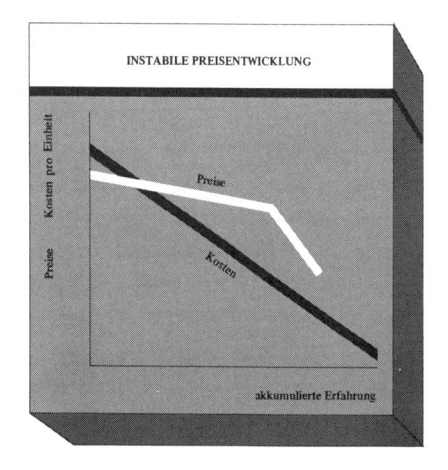

WETTBEWERBSGEPRÄGTE PREISENTWICKLUNG

(Preise / Kosten pro Einheit vs. akkumulierte Erfahrung; Phasen A, B, C, D)

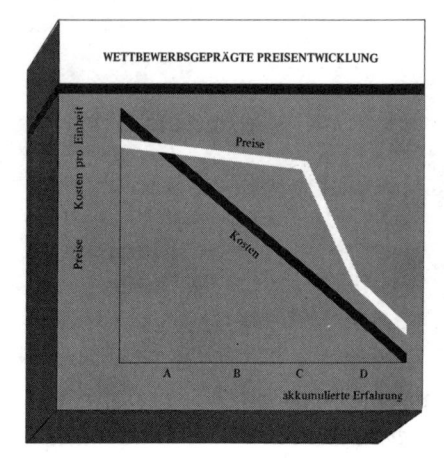

Die überproportionalen Preissenkungen müssen irgendwann zum Stillstand kommen. Die Preisentwicklung verläuft nach diesem Säuberungsprozeß parallel zu der Kostenentwicklung.

Es lassen sich einige typische Preisbestimmungsphasen unterscheiden. Um Mißverständnissen vorzubeugen, soll an dieser Stelle betont werden, daß die Preise nicht durch die Kosten bestimmt werden, eher umgekehrt. Der Wettbewerb sorgt für eine längerfristig gleichlaufende Entwicklung zwischen Preisen und Kosten. In der Phase A übersteigen typischerweise die Kosten die Preise. Je nach der Wahrscheinlichkeit des Markteintrittes von Mitbewerbern in der Einführungsphase und zu Beginn der Expansionsphase kann diese Phase im Lebenszyklus eines neuen Produktes kürzer oder ausgedehnter sein.

In der Phase B hält der Marktführer einen wirksamen Preisschutz über die in den Markt eintretenden Mitbewerber, die seinen Marktanteil zwangsläufig verringern.

Der Marktführer substituiert zukünftige Marktpositionen gegen heutige Gewinne. Diese kurzfristige Gewinnorientierung kann die Phase B zu lange ausdehnen und zu einer sehr wettbewerbsintensiven Phase C führen.

Die Phase C ist geprägt durch eine harte Bereinigung des Wettbewerbs. Der Preiswettbewerb beginnt, wenn ein Mitbewerber glaubt, seinen Interessen durch Preissenkungen über dem Durchschnitt der Kostensenkungen besser dienen zu können. Diese Entscheidung kann erst bei instabilen Preis-Kosten Relationen vorgenommen werden. In Wachstumsmärkten mit vielen Mitbewerbern und einer großen Spanne zwischen Preis und Kosten für den Hersteller mit den niedrigsten Kosten, ist solche Instabilität gegeben. Die Wettbewerbssituation ist noch eindeutiger instabil, wenn der preissenkende Mitbewerber zwei Bedingungen erfüllt:

1. wenn die Marginalerlöse im Zeitpunkt der Entscheidung zur Preissenkung größer sind als die Marginalkosten.

2. wenn er seine Kosten schneller als seine Preise und auch als die Durchschnittskosten der Branche senken kann; was relativ leicht über eine entsprechende Ausweitung der Marktanteile erreicht werden kann.

Solche Wettbewerbsinstabilitäten können so anwachsen, daß fast jedes

Zufallsereignis den Preiswettbewerb auslösen kann: eine Rezession, der Markteintritt eines neuen Mitbewerbers, der Versuch des Marktführers verlorene Marktanteile zurückzugewinnen, Überkapazitäten. Natürlich herrscht dabei auch in der Phase B Wettbewerb, nur wird er in der Form von Qualitätsverbesserungen, Verkaufsförderung, Kundendienst, Werbung usw. geführt.

Gegen Ende der Bereinigungsphase C stellt sich für die Phase D ein Gleichgewicht in der Entwicklung zwischen Preisen und Kosten ein. Preise können naturgemäß nur für eine begrenzte Periode stärker als die Kosten sinken.

Die Erfolgschancen vieler neuer Produkte sind durch konventionelle Preiseinführungsstrategien zunichte gemacht worden. Frühzeitige Marktbeherrschung ist viel wertvoller als in den meisten Unternehmen geglaubt wird. Interne Kompromisse in der Preisstrategie haben sich oft als sehr nachteilig für die langfristige Gewinnerzielung erwiesen.

Marktbeherrschung statt Preiseinführungsstrategie

Z i e l s e t z u n g der Preisbestimmung für ein neues Produkt sollte die Verhinderung der Gewinnung von Erfahrung und Marktteilen durch die Mitbewerber sein, bevor das eigene Produkt größeres Absatzvolumen erreicht hat. Dadurch läßt sich ein Kostenvorsprung gegenüber den Mitbewerbern aufbauen, der durch diese in gewinnträchtiger Weise nicht mehr eingeholt werden kann.

Stückkosten sind im Zeitpunkt der Einführungsphase naturgemäß sehr hoch. Oft würde das Produkt überhaupt keine Nachfrager finden, wenn der Preis in Höhe der anfänglichen Kosten festgelegt würde. Wird der Preis jedoch in einer Höhe bestimmt, der rasch zu Absatz für das neue Produkt führt, werden die Kosten schnell mit zunehmender Erfahrung sinken. Die Verlustphase der Einführung wird dann nur kurz sein. In preiselastischen Märkten verstärkt die Forcierung der Ausweitung des Absatzes die Abwärtsbewegung auf der Erfahrungskurve über die kombinierte Wirkung der Ausweitung von Gesamtmarkt und Marktanteil. In Abwesenheit von Mitbewerbern würde es sich empfehlen, den Preis so hoch wie möglich anzusetzen und ihn nur zu senken, wenn sich dadurch das Produkt aus Menge mal Gewinnspanne erhöht.

Diese Preisstrategie kann sich bei potentiell starkem Wettbewerb als verhängnisvoll erweisen. Hier sollte zukünftiger Kostenvorsprung wichtiger als heutiger Gewinn sein.

Je niedriger der erste Anbieter seinen Preis ansetzt, desto schneller kann er seinen Absatz aufbauen und einen entsprechenden Kostenvorteil gegenüber eintretenden Mitbewerbern erzielen. Es handelt sich in gewissem Sinne um den Erwerb eines z e i t l i c h e n V o r s p r u n g s. Je niedriger der Einführungspreis andererseits, desto höher liegen die anfänglichen Investitionserfordernisse, bevor nachfolgende Kostensenkungen als Funktion von Erfahrung in die Gewinnzone führen. Verfügung über Ressourcen kann zum entscheidenden Wettbewerbsvorteil werden. Selbst bei ausreichenden Ressourcen setzt die erforderliche Gesamtkapitalrentabilität eine Untergrenze für den Einführungspreis. Je niedriger der Einführungspreis, desto höher die Investitionen und damit desto länger die Phase vor Eintritt der break-even Situation (Gewinnschwelle) und umso höher das unternehmerische Risiko. Für die Abzinsung zukünftiger Kostenvorteile gibt es in der Praxis offensichtlich bestimmte Grenzwerte.

Dem Marktführer stellt sich fast immer die klassische Entscheidung zwischen heutigen Gewinnen und zukünftigen Marktanteilen.

Meistens erweist sich die Wegnahme von Marktanteilen von den Mitbewerbern als unwirtschaftliche Alternative. Die kritischen Aktivitäten konzentrieren sich daher in der Regel auf einen gewissen Anteil am Wachstum des Marktes. Tritt das Produkt in die Reifephase ein, sind die Möglichkeiten der weiteren Gewinnerzielung fixiert. Die Preisbestimmung für ein neues Produkt in der Einführungsphase und zum Teil noch während der Expansionsphase entscheidet über die Teilnahme am zukünftigen Marktwachstum, über das Ausmaß des Kostenvorteils und der Gewinnerzielung. Für Wachstumsprodukte ist marktpositionsorientierte Preisbestimmung wichtiger als kurzfristige Gewinnmaximierung. Die hier geschilderten Preiskonsequenzen der Erfahrungskurve legen eine Reihe von strategischen Entscheidungen nahe.

4. Schlußfolgerungen strategischer Planung aus dem Konzept der "experience curve"

Für ein Wachstumsprodukt liegt die erfolgreichste Wettbewerbsstrategie in der frühzeitigen Erreichung einer dominierenden Marktposition durch eine aggressive Preisstrategie oder durch eine Marktsegmentierung, die in Relation zu den verfügbaren Ressourcen die Dominierung des ausgewählten Marktsegmentes gewährleistet. Rückzug aus dem Markt ist die einzig wirtschaftliche Alternative, wenn eine führende Marktposition nicht erzielt werden konnte. Frühzeitig errungene Marktanteile sind am preiswertesten. Grundsätzlich sollten zusätzliche Marktanteile aus einem höheren Anteil an Wachstum des Marktes gewonnen werden und nicht über Verringerung von Mitbewerberumsätzen in absoluten Werten.

Nach Erreichung der Marktdominanz sollten Preissenkungen die Mitbewerber am Ausbau ihrer Kapazitäten hindern, bei gleichzeitig voller Ausnutzung der eigenen Kapazität. Bei Einsetzen eines Preiswettbewerbs ist aktive Preissenkungsstrategie mit dem Ziel der Maximierung des Marktanteils langfristig ertragreicher als eine Strategie zögernder Preisanpassung. Das Ausbrechen des Preiswettbewerbs kann manchmal verzögert oder gar verhindert werden, wenn die Maßnahmen zur Marktanteilsausweitung sich auf die anderen Marketinginstrumente, wie Qualität, Verkaufsförderung, Kundendienst, Belieferung konzentrieren.

Die Erringung und Verteidigung einer dominierenden Marktposition garantiert zwar hohen Ertrag, kann aber vor allem in Märkten hohen Wachstums extreme Anforderungen an die Ressourcen stellen. Der Schätzung des Kapitalbedarfs als Funktion der Wachstumsrate des eigenen Marktanteils, der zu erwartenden Preissenkung entsprechend des Verlaufs der Erfahrungskurve kommt erfolgsentscheidende Bedeutung zu.

Aufgabe der strategischen Planung ist die Sicherstellung des Überlebens des Unternehmens als selbständige Einheit. Voraussetzung dafür ist ein kontinuierlicher, positiver Cash-flow, der zu einem wesentlichen Teil durch entsprechende Gewinne gewährleistet wird. In der strategischen Planung für Marktbeherrschung stellt sich hinsichtlich der Gewinnoptimierung für jedes spezifische Produkt die Aufgabe der Bestimmung des Gleichgewichts zwischen gegenwärtigen Gewinnen und zukünftigen Marktanteilen. Marktdominanz bedeutet nicht die Ausschaltung aller Mitbewerber, sondern bei führendem relativem Marktanteil und Kostenvorteil ein s t a b i l e s W e t t b e w e r b s g l e i c h g e w i c h t. Dieses Gleichgewicht ist erreicht, wenn einer der Mitbewerber einen genügend großen Kostenvorsprung erzielt hat, der es ihm einerseits ermöglicht, die Ausweitung seiner Kapazitäten zu finanzieren, die zur Verteidigung der Marktposition erforderlich sind, und der andererseits die Ausweitung der Marktanteile durch die Mitbewerber verhindert.

Beschreibung des Wettbewerbsgleichgewichts

Das Preisniveau und die relativen Gewinnmargen bleiben für alle Mitbewerber auch im Gleichgewicht bedeutsam, für den Marktführer wegen seiner Gewinnziele, für die restlichen Mitbewerber wegen ihrer Überlebenschancen. Obgleich der Marktführer das Preisniveau festlegen könnte, zeigt sich in der Praxis, daß der Marginalanbieter die Untergrenze des Preisniveaus bestimmt:

Nach der Markteinführung, der eigentlichen Innovation, mußte die Führung im Markt durch Führung in aggressiver Preisstrategie erkämpft werden. Hat sich der Erfolg eingestellt, erscheint eine g e ä n d e r t e Preisstrategie für den Marktführer vorteilhaft, u. z. diejenige,

1. die ihm die höchsten Gewinnmargen bei Aufrechterhaltung seiner führenden Marktposition garantiert,

2. die ihm seinen Kostenvorsprung sichert, indem sie Marktanteilszuwächse der Mitbewerber blockiert,

3. die den Markteintritt neuer Mitbewerber und damit eine Störung des Wettbewerbsgleichgewichts verhindert.

Diese neue Preisstrategie stellt den Marktführer vor eine Reihe von Alternativen. Zunächst könnte er versuchen, das Preisniveau in dem Zeitpunkt zu stabilisieren, indem er effektiv die dominierende Marktposition bei stabilem Gleichgewicht erreicht.

Mit anhaltendem Marktwachstum verbessert sich jedoch nicht nur die Gewinnspanne des Marktführers, sondern prozentual sogar wesentlich stärker die der Mitbewerber. Sie erhalten damit die Mittel zu weiterem Ausbau ihrer Marktanteile. Das Gleichgewicht zerbricht, ein neuer Preiswettbewerb setzt ein. Diese auf kurzfristige Gewinnmaximierung angelegte Preisstrategie des Marktführers trägt den Kern des Verlustes der Marktdominanz in sich.

Die Stabilisierung des Wettbewerbsgleichgewichtes zwingt den Marktführer, das Preisniveau der Branche kontinuierlich entsprechend der Erfahrungskurve des Marginalanbieters herunterzudrücken.

Andererseits könnte der Marktführer seinen Preis schneller senken als sich die Kosten seiner Mitbewerber reduzieren. Seine Gewinnspanne würde sich verringern, aber ein Marginalanbieter nach dem anderen würde wie in der Phase C aus dem Markt gedrückt. Solange Marktausweitung und zusätzliche Marktanteile die Kosten schneller als die Preise sinken ließen, war diese Preisstrategie vernünftig. Ab einem bestimmten Punkt gilt für zusätzliche Marktanteile das Gesetz abnehmender Erträge. Diese Phase der Marktbereinigung weicht der Periode stabiler Marktanteilsverteilung. Die Preisbestimmung wird geprägt durch eine Strategie der Gewinnoptimierung seitens des Marktführers auf der Basis der Erfahrungskurve der Branche im Verlauf des weiteren Marktwachstums. Die Preisobergrenze wird dabei durch das Niveau der Gewinnerzielung durch die Mitbewerber bestimmt, das gerade noch die erreichte Marktanteilsstruktur stabil hält.

Die Untergrenze wird durch die Gewinnoptimierung des Marktführers geprägt, der durch zusätzliche Investitionen in weitere Marktanteile keine entsprechenden zusätzlichen Gewinne mehr erzielen kann. Diese Untergrenze stimmt normalerweise mit dem Kostenniveau des Marginalanbieters plus einem Gewinnaufschlag überein, der diesem gerade die Aufrechterhaltung seines Marktanteils bei weiterem Marktwachstum finanziert. Die Schlußfolgerungen für die strategische Planung sind weitreichend. Dem Marktführer geben sie Richtlinien für die alles entscheidende Preisstrategie. Den Mitbewerbern zeigen sie die Wege und erforderlichen Mittel, die für eine Verdrängung des Marktführers einzusetzen sind, sollte dieser in seinen Anstrengungen zur Verteidigung seiner Marktposition nachlassen. Sie vermögen auch anzudeuten, wann dieser Fall eingetreten ist. Sie erklären ferner, warum ein entschlossener Marktführer beinahe unangreifbar ist. Sie bewahren Mitbewerber vor einer Strategie des großen Durchbruchs oder des noch härteren Bemühens. Sie hilft den Mitbewerbern sich mit den vorgezeichneten Gewinnmöglichkeiten des spezifischen Produktes abzufinden und das Überleben des Unternehmens auf jenen Produkten aufzubauen, die in ihren spezifischen Märkten eine führende Position einnehmen. Das Konzept der Erfahrungskurve bezieht sich auf Produkte, nicht auf Unternehmen. Der Wettbewerb zwischen den Unternehmen vollzieht sich über die strategische Planung des Produktportfolios.

Kosten sind eine Funktion der akkumulierten Erfahrung. Die Gewinnspanne ist eine Funktion der erreichten Marktposition. Die Aktionen zwischen Mitbewerbern führen im Zeitablauf über die erreichten Kostenvorteile zum Ausscheiden der kostenineffizienten Mitbewerber, denn langfristig kann die Kostenentwicklung der Mitbewerber nicht entlang Erfahrungskurven unterschiedlicher Neigungswinkel verlaufen:

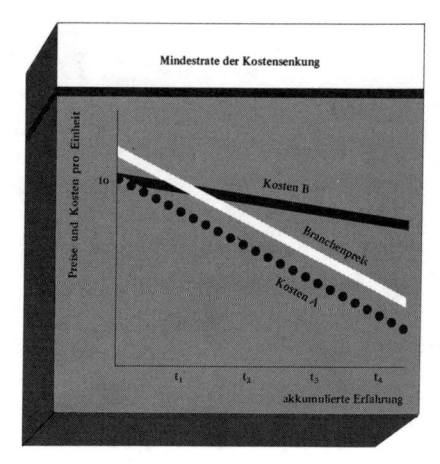

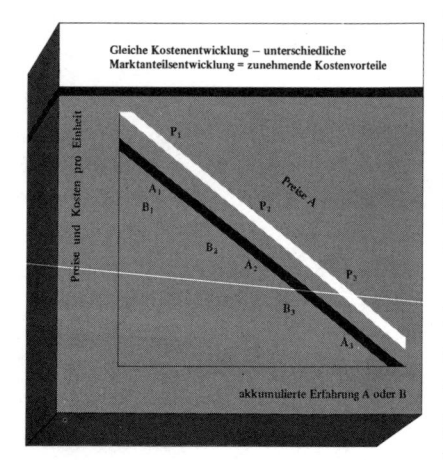

1. Die Mitbewerber niedriger Kostensenkungseffizienz müssen entweder kontinuierlich ihren Marktanteil ausweiten, um zumindest ihre relative Kostenposition zu halten, oder

2. die Marktpositionen stabilisieren sich bei unterschiedlichen Gewinnspannen, da die kostengünstigeren Anbieter ihre besseren Gewinnspannen höheren Marktanteilen vorziehen.

Selbst wenn zwei Mitbewerber ihre relativen Marktanteile halten, aber ihre Kosten in unterschiedlichen Raten sinken, tritt sehr bald eine Verschiebung der Wettbewerbsfähigkeit ein.

Die Darstellung unterstreicht, daß das Preisniveau der Branche der Kostenentwicklung von Mitbewerber A zu folgen neigt. Das Überleben erfordert eine gewisse Mindestrate von Kostensenkungen.

Die nächste Darstellung zeigt ein Unternehmen B, das bei den Kostensenkungen mithält, aber Marktanteile verliert. A bewegt sich schneller entlang der Branchenerfahrungskurve und bestimmt die Preisentwicklung. Gleiche Kostenentwicklung aber unterschiedliche Marktanteilsentwicklung bewirkt zunehmende Kostenvorteile.

Ein Unternehmen B kann eine unterdurchschnittliche Kostensenkungseffizienz durch kontinuierliche Marktanteilsausweitung ausgleichen, wie die nebenstehende Darstellung zeigt, obwohl bei höheren Marktanteilspositionen Zuwächse zunehmend schwieriger zu erringen sind. Marktanteilszuwächse allein genügen nicht, Kostensenkungen müssen hinzutreten.

Die Schlußfolgerungen seien für die strategische Planung noch einmal zusammengefaßt:

1. Halten die Mitbewerber ihren relativen Anteil an akkumulierter Erfahrung, d. h. ihren Marktanteil konstant, bleiben die relativen Kostenunterschiede ebenfalls konstant.

2. Mißlingt es einem Mitbewerber, seine Kosten gemäß der Branchenerfahrungskurve zu senken, verliert er beständig an Wettbewerbsfähigkeit.

3. Jeder Mitbewerber, der Marktanteile hinzugewinnt, sollte dies in entsprechende relative Kostenvorteile umsetzen können.

Mitbewerberreaktionen sind die kritischen Unbekannten in jeder strategischen Planung. Es ist entscheidend, zu wissen, ob der Marktführer seinen Kostenvorteil einsetzt zur weiteren Verbesserung seines Marktanteils oder zur Absicherung seiner Gewinnspanne. Zwar läßt sich der Preis, der bei vorgegebener Gesamtkapitalrentabilität für zusätzlichen Marktanteil gezahlt werden kann, vorher bestimmen, ungewiß bleibt aber, ob die Mitbewerber Änderungen im Marktanteil zu diesem Preis zulassen. Mitbewerber u n t e r s c h e i d e n sich in der Regel in folgenden drei Bereichen:

1. Sie verfügen über unterschiedliche Ressourcen.

2. Sie besitzen andere Wertsysteme oder Prioritäten in ihren Zielsetzungen.

3. Sie unterscheiden sich in der Wahrnehmung von Risiken und von Mitbewerberinformationen.

Mit Hilfe der Erfahrungskurve läßt sich der Risikoaspekt wesentlich besser als bisher quantifizieren. Der Wert dieser Quantifizierung der Mitbewerberstruktur und damit die Fähigkeit, erfolglose Wettbewerbsmaßnahmen von vornherein teilweise auszuschalten, ist kaum zu überschätzen. Die Enthüllung der Interdependenzen zwischen Preis und Kosten als Funktion von Erfahrung, kann das Wesen des Wettbewerbs drastisch ändern, wie z. B. im Einkauf der amerikanischen Flugzeugindustrie.

Mitbewerber, denen diese Interdependenzen der Erfahrungskurve nicht geläufig sind, unterschätzen das Gewinnpotential von Marktdominanz häufig. Sie geben Mitbewerbern mit geringeren Ressourcen leichtfertig größeren Wettbewerbsspielraum. Die Überbewertung kurzfristiger Gewinnerzielung führt zu strategischen Entscheidungen, die in vielen Fällen zum Verlust der Marktdominanz führt.

Unterschiede in W e t t b e w e r b s e r f a h r u n g erklären die verschiedenen Reaktionen auf die Aggressivität eines Mitbewerbers. Unternehmen besitzen Personalität und ausgeprägte Verhaltensmuster wie Individuen. Die Verhaltensmuster der Mitbewerber müssen bekannt sein, wenn das eigene unternehmerische Risiko quantifiziert werden soll. Das Konzept der Erfahrungskurve führt die möglichen Mitbewerberreaktionen auf die zwei bereits erwähnten Ent-

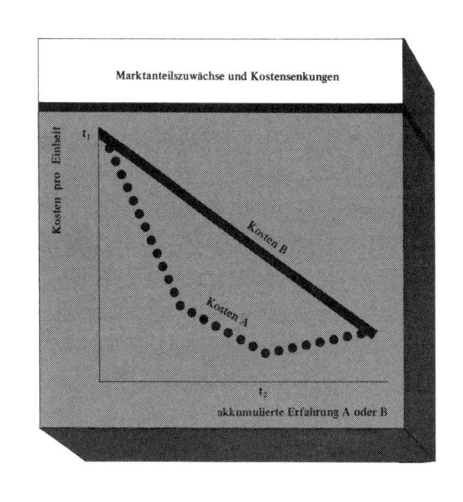

Wettbewerbserfahrung

scheidungsalternativen zurück: gegenwärtige Gewinne oder zukünftige Marktposition.

Einer ähnlichen klassischen Entscheidungsalternative sieht sich das Unternehmen konfrontiert, das mit ausreichenden Ressourcen später in einen schnell wachsenden Markt neu eintreten möchte. Als Nachzügler werden seine Kosten wesentlich über denen des Marktführers liegen. Vermag er nicht rasch an Erfahrung gewinnen, wird seine Gewinnspanne immer ungünstiger bleiben. Der Kostenunterschied kann so groß sein, daß er für lange Zeit nur zu Verlusten verkaufen kann, bis über individuelle akkumulierte Erfahrungsentwicklung die Kostendifferenz schrumpft und der Verlust verschwindet.

Je länger der Nachzügler wartet, desto mehr vergrößert sich der Kostenvorsprung. Jeder Versuch, diese Kostendifferenz schneller abzubauen, kann seitens des Marktführers zu einer die Marktposition verteidigenden aggressiveren Preisstrategie führen. Für welche Strategie soll der Nachzügler sich entscheiden?

Nachzügler-strategie

Die Entscheidung ist kritisch, da der Marktführer, ausreichende Ressourcen unterstellt, jeden Angriff auf seine Marktdominanz wahrscheinlich abwehren kann. Was der Mitbewerber auch unternimmt, es wird für ihn spürbar teurer werden, als für den Marktführer. Jede erfolgreiche ertragreiche Aktion des Mitbewerbers wirft für den Marktführer noch höhere Gewinne ab. Bei gleichen Ressourcen, gleichem Erkenntnishorizont und gleicher Managementqualität kann der Marktführer nicht verdrängt werden. Diese Tatsache führt zu folgenden Schlußfolgerungen für die strategische Planung:

1. Neue oder kleinere Mitbewerber können bei gleichen Ressourcen, Erkenntnisvermögen und Managementqualitäten einen Marktführer nicht verdrängen.

2. Ein Marktführer, der die Bereitschaft zur Verteidigung seiner Marktbeherrschung deutlich genug unterstreicht, kann seine Mitbewerber so einschüchtern, daß er selbst die Zielsetzung kurzfristiger Gewinnmaximierung verfolgen kann.

3. Mangelndes Verständnis der Kostenkonsequenzen von Marktanteilsänderungen erhöht das unternehmerische Risiko.

Gravierende Wettbewerbsvorteile bestehen gegenüber Mitbewerbern, denen das Konzept der Erfahrungskurve nicht bekannt ist und die sich nicht um laufende Marktinformationen und Mitbewerberbeobachtungen bemühen. Allerdings kann eine fehlerhafte Anwendung des Konzeptes der Erfahrungskurve, resultierend aus Fehleinschätzungen des eigenen Unternehmens, genauso verheerende Folgen zeitigen, wie Unkenntnis über Erfahrungskurven. Bei Ungleichheit der finanziellen Ressourcen sollte das Unternehmen mit dem stärksten finanziellen Potential die aggressivste Preisstrategie verfolgen. Falls zweckmäßig sollte es die Preise so weit herunterdrücken, daß den schwächeren Mitbewerbern die Investitionsmittel selbst bei vergleichbarer Marktdurchdringung fehlen werden. Normalerweise sollten die Preise nicht mehr angehoben werden, da die entsprechend schnellere Bewegung entlang der Erfahrungskurve innerhalb einer absehbaren Periode ausreichende Gewinnspannen ermöglichen wird, anderenfalls ist eine derartige Preisstrategie ohnehin falsch. In preiselastischen Märkten verkürzt die Marktausweitung noch zusätzlich die Verlustphase. Diese Strategie eignet sich besonders für Nachzügler mit großen Ressourcen in Wachstumsmärkten.

Bei Ungleichheit in den Planungshorizonten befinden sich die Unternehmen mit den kurzfristigeren Gewinnorientierungen im strategischen Nachteil. Dies trifft besonders für Wachstumsprodukte mit geringer Umsatzbedeutung in großen dezentralisierten Organisationen zu. Der Wert zukünftiger Gewinne eines Wachstumsproduktes ist eine Funktion der Wachstumsrate, des Marktanteils, des Kosteneffektes von Marktanteilen und der Kosten (in %) des Eigenkapitals. Falls die Wachstumsrate nicht sehr niedrig oder die Kosten des Eigenkapitals sehr hoch sind, kann der heutige Wert zukünftiger Gewinne durch Aufgabe kurzfristiger Gewinne zugunsten schneller Erringung von Marktdominanz maximiert werden. Kurze Planungshorizonte führen in eine Hochpreispolitik, die die Mitbewerber mit längeren Planungshorizonten zur Ausweitung ihrer Marktanteile nutzen.

Ungleichheit in der Planung und Koordination kann sich entscheidend auf die Entwicklung der Marktstrategie für ein Wachstumsprodukt auswirken. Wachstumsprodukte durchlaufen Phasen verstärkten Preiswettbewerbs. Die jeweilige Reaktion auf diesen Preiswettbewerb schlägt unmittelbar in Ausweitungen oder Schrumpfungen der Kostenunterschiede durch. Verschärfter Preiswettbewerb reduziert die Umsatzzuwachsraten und drückt die Gewinnspannen noch drastischer. Dabei wird die Erhöhung der Zuwachsrate an akkumulierter Erfahrung überschattet.

Mehrere Reaktionen sind möglich. Einmal kann Marktanteilsausweitung angestrebt werden, in der Hoffnung, daß die kombinierte Wirkung von Marktausweitung und zusätzlichem Marktanteil einen schnelleren Abstieg auf der Erfahrungskurve bewirken als die Preissenkungen ausmachen. Diese Strategie wird mit zunehmenden Marktanteilen schwieriger zu realisieren sein, dann bestehen jedoch schon entsprechend hohe Kostenvorteile.

Mangelnde Planung und Koordination kann zu einem nutzlosen Verstreichen der immer nur kurzen Phasen günstiger Marktchancen führen. Ungenügende Kapazitäten wirken sich genauso negativ aus wie Überkapazitäten, die Gelegenheit zur Marktanteilsausweitung kehrt nicht wieder. Eine andere Reaktion auf verschärften Preiswettbewerb ist das zeitweise Kappen von Ausgaben zur Aufrechterhaltung der bisherigen Gewinnspannen. Reagieren alle Mitbewerber ähnlich, bleiben die relativen Marktpositionen unverändert. Für stagnierende Märkte erscheint eine aggressive Marktstrategie nicht zweckmäßig.

Informationsgrad und Marktstrategie

Ungleichheit in der M a r k t i n f o r m a t i o n wirkt sich ebenfalls stark auf die Entwicklung der Marktstrategie aus. Fehlende Information über Kosten und Gewinne der Mitbewerber kann nur zu der konservativen Strategie kurzfristiger Gewinnmaximierung führen. Jede Aufgabe kurzfristiger Gewinnerzielung zugunsten zukünftiger Marktanteile setzt relativ genaue Informationen über die Kostenstrukturen der Mitbewerber voraus. Unkenntnis über Größe des Gesamtmarktes und eigenen Marktanteil bedeutet strategischen Nachteil gegenüber dem Mitbewerber, der die Kosten und Erträge eines zusätzlichen Marktanteils bestimmen kann und somit optimale Strategien des Eindringens in die Marktpositionen seiner Mitbewerber entwickeln kann.

Unternehmen, die einen Preisschirm über einen Wachstumsmarkt halten, sind, ohne es zu bemerken, in ihren Marktpositionen besonders verwundbar, wenn die Mitbewerber Methoden des Nicht-Preiswettbewerbs anwenden. Wegen fehlender Marktinformation glauben sie, daß sich die Wachstumsrate des Marktes abgeflacht hat oder daß sie von einer Branchenrezession getroffen wurden. Der Nachzügler startet nicht notwendigerweise mit den gleichen Kostenbelastungen wie der Innovator, da er von den akkumulierten Branchenerfahrungen und dem vorhandenen Know-how profitieren kann. Allerdings werden seine Kosten zum Zeitpunkt des Markteintrittes über denen des Innovators liegen, gleichgültig, wieviel an detaillierter Unternehmenserfahrung allgemein zugänglich ist. Economies of scale, Kapazitätsausnutzung, organisatorische

Koordination und viele andere Faktoren bestimmen neben reinem Know-how die Kostenniveaus. Die Kostenbenachteiligung des Nachzüglers kann als inverse Funktion von akkumulierter Erfahrung und gegenwärtigem Marktvolumen definiert werden. Der Nachzügler muß für das Einholen der akkumulierten Erfahrung fast immer einen Tribut zahlen, der quantifizierbar ist.

Angenommen, der Marktführer A hat Stückkosten von DM 1,00. *Beispiel* Seine Produktion wuchs und wächst weiter mit jährlich 18 %. Seine akkumulierte Produktion wird sich in vier Jahren verdoppeln und in acht Jahren vervierfachen. Nun tritt B in den Markt ein, mit Stückkosten von DM 2,00 im ersten Jahr. Auch er kann seine Produktion mit jährlich 18 % steigern. Nach acht Jahren liegt seine akkumulierte Erfahrung im Vergleich zum ersten Jahr achtzehnmal höher. Die Wachstumsrate seiner Erfahrung ist also 4,4 mal so hoch wie die des Marktführers A. Für die Umsetzung in Kostenentwicklung bedeutet diese Erfahrungsakkumulation, daß B nach acht Jahren seine Kosten auf 25 % seiner Anfangskosten gesenkt hat. Auch A hat seine Kosten auf etwa 50 % seiner Kosten vor acht Jahren senken können. Auf der Basis der obigen Annahmen betragen die Kosten für A und B nach acht Jahren etwa DM 0,50. Trotz dieser Kostengleichheit mußte B wesentlich mehr investieren, in Verlusten oder entgangenen Gewinnen, bis er mit A gleichziehen konnte. Die Gesamtkosten für den späten Markteintritt, den B zu zahlen hat, belaufen sich auf etwa die zweifachen Gesamtkosten von A. Wäre B mit höheren Kosten gestartet, hätte er A möglicherweise nie einholen können, es sei denn mit höherer Wachstumsrate der Produktion. Das Unvermögen, A einzuholen, bedeutet eine permanent geringere Gewinnspanne, mit konstant niedriger Gesamtkapitalrentabilität. Wäre die Wachstumsrate der Produktion nur halb so hoch gewesen, hätte B noch einmal doppelt so viel investieren müssen.

Ebenso quantifizierbar und zwar in relativen Kosten ist der Wert des Marktanteiles. Marktanteilsänderungen führen unmittelbar zu Kostenänderungen im Vergleich zu den Mitbewerbern. Marktanteil besitzt einen bestimmten Preis.

Kostenunterschiede, ein kritischer Faktor in der Fähigkeit zu überleben, ergeben sich als direkte Funktion der jeweiligen produktspezifischen akkumulierten Erfahrung. Zwischen akkumulierter Erfahrung und Marktanteil bestehen direkte Beziehungen. Im Zeitablauf sollte der Mitbewerber mit dem höchsten Marktanteil die größte Erfahrung akkumuliert haben und konsequenterweise die niedrigsten relativen Kosten aufweisen. Marktanteil in Kostenunterschiede umgesetzt, prägt die Wettbewerbsstrategie, sein Wert ist in Geld ausdrückbar. Akkumulierte Erfahrung ist nicht gleich aktuellem Marktanteil, obgleich bei konstantem Marktanteil im Zeitablauf eine Annäherung an die Relation akkumulierter Erfahrung erfolgt.

Kostenentwicklung des Nachzüglers

Für einen Nachzügler bringt das zweite Produktionsjahr meist die Verdoppelung der akkumulierten Erfahrung und die Jahre drei bis vier eine weitere Verdoppelung. Seine Kosten senken sich schneller als die seiner Vorläufer, beginnen aber von einem höheren Niveau. Eine Annäherung an das Kostenniveau des Marktführers kann erst durch eine Annäherung an dessen akkumulierte Erfahrung erfolgen. Starten zwei Mitbewerber zum gleichen Zeitpunkt, bleibt ihre Wettbewerbsbeziehung instabil bis einer einen substantiellen Produktionsvorsprung, also höhere akkumulierte Erfahrung und niedrigere Kosten erringen kann. Diese Wettbewerbsinstabilität wird noch durch die Tatsache verstärkt, daß die Kosten früher Marktanteilsgewinnung wesentlich niedriger in Relation zu späteren Erlösen liegen. Bei gleichem Markteintritt und Managementpotential, gleicher Erfahrung und Einschätzung des zukünftigen Potentials gibt es für beide Mitbewerber sehr hohe Anreize zu aggressiver Preisstrategie oder anderen Wettbewerbsaktivitäten zur frühzeitigen Erringung von Marktdominanz.

Der Maximierung des Marktanteils sind Grenzen gesetzt. Ressourcen und Mitbewerberreaktionen bringen Einschränkungen der möglichen Wettbewerbsaktionen. Marktanteilsauswirkungen müssen entweder durch entsprechend große Ressourcen abgesichert sein oder die Mitbewerber müssen zu stärkerer kurzfristiger Gewinnrealisierung veranlaßt werden können. Die Gründe für solche Strategieänderungen liegen in den enormen Kapitalanforderungen als Folge von Verlusten, Gewinnverzichten und Kapazitätserhöhungen, vorgezeichnet durch den Verlauf der Erfahrungskurven. Eine Preissenkung kann Veranlasser und Betroffene zu weiteren Investitionen zwingen.

Die Stabilität des Marktes und des Wettbewerbsgleichgewichtes wird sehr weitgehend durch die Preisstrategien der ersten Marktpartner bestimmt. Bisher dienten Marktanteilsanalysen der Erklärung kurzfristiger Reaktionen und des taktischen Verhaltens im Wettbewerb. Das Konzept der Erfahrungskurve führt das Instrument der M a r k t a n t e i l s a n a l y s e in die Preisstrategie und die strategische Planung ein.

Die Gesamtkapitalrentabilität aus zusätzlichem Marktanteil kann sehr hoch sein. Hinsichtlich der Erfahrungskurve bestimmen im wesentlichen drei Faktoren die finanziellen Resultate:

1. die relative Gewinnspanne,
2. der Marktanteil,
3. die Größe des Marktes.

In Wachstumsmärkten sind sie in der Zukunft von größerer Bedeutung als in der Gegenwart. Zukünftiger Gewinn ergibt sich als Produkt aus Gewinnspanne, Marktanteil und Marktgröße. Aktionen in der Gegenwart beeinflussen den zukünftigen Marktanteil. Gegenwärtige Ausgaben zur Marktanteilsverbesserung erhöhen die zukünftigen Gewinnspannen, wenn sich die Kosten schneller entlang der Erfahrungskurve senken. Die hohen Resultate dieser sich gegenseitig verstärkenden Wirkungen können sehr hohe gegenwärtige Ausgaben rechtfertigen. Zu langes Hinauszögern der Marktanteilsaktionen verringert den Wert zusätzlicher Ergebnisse. Ähnlich wirkt eine zu hohe Rate der Kapitalkosten. Je niedriger die gewünschte Gesamtkapitalrentabilität und je höher die Wachstumsrate, desto eher sind Ausgaben zur Marktanteilserhöhung gerechtfertigt.

So wie Wachstumsprodukte hohe gegenwärtige Ausgaben zur Erhöhung der akkumulierten Erfahrung rechtfertigen, gibt es für stagnierende Produkte fast keine Möglichkeit, Marktanteilsverschiebungen in gewinnbringender Weise vorzunehmen. Der Wert von Marktanteilsveränderungen läßt sich näherungsweise bestimmen. Angenommen, der Marktanteil verdoppelt sich innerhalb einer bestimmten Periode, z. B. der zur Verdoppelung der Markterfahrung benötigten Anzahl von Jahren, und bleibt danach konstant, dann hängt die Veränderung in den Kosten der einzelnen Mitbewerber davon ab, wer von ihnen Marktanteile in welchem Umfang verliert. Werden Marginalanbieter verdrängt, reduziert sich der Preis entsprechend der Kostenentwicklung des Marktführers und die Gewinnspannen aller werden gedrückt. Die Kostendifferenz des Herausforderers aber wird kleiner im Vergleich zum Marktführer, nicht weil sie für den Marktführer langsamer sinken, sondern weil sie sich für den Herausforderer aus zusätzlichen Marktanteilen entlang der Erfahrungskurve senken.

Stammen die zusätzlichen Marktanteile vom Marktführer, sinken die Kosten des Herausforderers schneller als die des Marktführers. Die Preise werden in diesem Falle weiterhin durch die Marginalanbieter geprägt. Die Gewinnspannen erweitern sich für den Herausforderer und verengen sich für den Marktführer. Unter der ceteris-paribus Annahme sollten die relativen Kosten des Herausforderers zwischen 20 und 30 % zusätzlich aus der Marktanteilsverbesserung bei Erfahrungsverdoppelung sinken. Der Wert zusätzlichen Marktanteils, bei Annahme konstanter Gewinnspanne, kann mit folgender Gleichung angenähert werden:

$$\frac{\text{zusätzlicher Gewinn in \%}}{} = \frac{\text{Gewinnspanne}}{\text{in \%}} \cdot \frac{\text{Marktwachstum}}{\text{in \%}} \cdot \frac{\text{neuer Marktanteil in \%}}{\text{alter Marktanteil in \%}}$$

Bei konstanten Gewinnspannen wächst der Gewinn real so schnell wie Umsatz mal Marktanteilzuwachs. Dieser Wert kann durch Multiplikation mit dem Umsatz in Geld ausgedrückt werden. Das Konzept der Erfahrungskurve führt jedoch zu Kostenänderungen, wenn sich die akkumulierte Erfahrung verändert. Bleiben die Preise konstant, erhöhen sich die Gewinnspannen etwa wie folgt:

	Neigungswinkel der Erfahrungskurve in %		
		70 %	80 %
jährlicher Zuwachs an akkumulierter Erfahrung für ein Unternehmen (oder Differenz zwischen den Wachstumsraten zweier Unternehmen)	2.00	0.85	0.57	jährlicher Zuwachs der Gewinnspanne in % vom Umsatz bei Preisstabilität (oder Differenz der Spannenänderung als Funktion der Differenz in den Wachstumsraten)
	3.00	1.14	0.85
	4.00	1.70	1.10
	5.00	2.10	1.40
	6.00	2.50	1.70
	7.00	2.90	1.90
	8.00	3.30	2.20
	9.00	3.70	2.50
	10.00	4.10	2.70
	11.00	4.40	2.90
	12.00	4.90	3.30
	13.00	5.30	3.50
	14.00	5.70	3.90
	15.00	6.00	4.00

In einer Wettbewerbswirtschaft entscheiden die Entwicklungsdifferenzen zwischen den Mitbewerbern. Die obige Tabelle kann auch für jedes einzelne Unternehmen verwendet werden, wenn statt der Mitbewerberdifferenz die eigene Wachstumsrate eingesetzt wird. Sie gibt auch Aufschluß darüber, warum ein Mitbewerber, der Marktanteil gewinnt, seine Preise schneller senkt, ohne daß sich seine Gewinnspanne entsprechend verkleinert. Folgende Schlußfolgerungen lassen sich ableiten:

1. Der Wert zusätzlichen Marktanteils steigt mit der Wachstumsrate des Marktes.

2. Änderungen des Preisniveaus oder des Marktanteils treffen die Marginalanbieter am härtesten.

3. Sinken die Preise weniger als die Kosten erhöht sich der Wert zusätzlichen Marktanteils entsprechend.

Bestimmung des Marktanteilwertes

Die Bestimmung des Wertes von Marktanteilen soll an einigen Beispielen verdeutlicht werden. Im ersten Beispiel wird für ein Unternehmen A eine Gewinnspanne von 5 %, eine Wachstumsrate von 7 % bei einem Marktwachstum von 5 % und Konstanz der Preise angenommen. Bei einer 70 %-igen Erfahrungskurve und der Wachstumsrate von 7 % sollten die Kosten jährlich um 3 % sinken. Für die Gesamtindustrie sinken die Kosten um 2 %, ausgehend von der Wachstumsrate von 5 %. Das Unternehmen gewinnt jährlich 1 % Kostenunterschied gegenüber dem Durchschnitt der Industrie und 2 % mehr an Produktionsvolumen. Bei stabilen Preisen sollte der Gewinn von A von 5 % auf $(5{,}0 \cdot 1{,}07) + 3{,}0 = 8{,}35$ % am Jahresende zugenommen haben, also eine Steigerung von 67 % gegenüber dem Vorjahresgewinn. Das Durchschnittsunternehmen entwickelt sich von 5 % auf $(5{,}0 \cdot 1{,}05) + 2{,}0 = 7{,}25$ %, also eine Steigerung der Gewinnspanne um 45 %. Bei normalem Wettbewerb wäre der größte Teil dieser Spannenverbesserung in die Finanzierung des Nichtpreis-Wettbewerbs geflossen, und hätte daher die Kostensenkungen verdeckt. Stellen diese Elemente des Nichtpreis-Wettbewerbs für die Abnehmer einen geringeren Wert dar als die im Preis weiterzugebenden Kostensenkungen, kann ein Mitbewerber gleichzeitig Preis und Nichtpreis-Wettbewerb intensivieren und so seine Wettbewerbsposition verbessern. Es beginnt eine Phase der Preisinstabilität. Unternehmen A hätte 8,35 % - 7,25 % = 1,10 % des Umsatzes zur Erhaltung der unterschiedlichen Wachstumsrate ausgeben können, unabhängig vom zukünftigen Wert höherer Gewinne aus Zunahme des Wachstums oder der Spannen. Bei einer Kapitalisierungsrate von 10 % könnte Unternehmen A 11 % vom Umsatz für die Anhebung der Wachstumsrate von 5 % auf 7 % für ein Jahr ausgeben. Bei unendlichem Branchenwachstum von 5 % könnte die Differenz auf 10 % - 5 % = 5 % der 22 % kapitalisiert werden.

Das zweite Beispiel geht von denselben Annahmen aus, jedoch sinken die Preise entsprechend der Kostenentwicklung der Branche. Das Durchschnittsunternehmen erhöht seine Produktion um 5 %, die Kosten sinken um 2 %, also wächst der Umsatz um etwa 3 %. Bei konstanter Gewinnspanne, erhöht sich der Gewinn um 3 % auf 1,03 des Vorjahres. Unternehmen A erhöht seine Produktion um 7 %, d. h. bei 2 % Preissenkung erhöht sich sein Umsatz um 5 %. Die Gewinnspanne von 5 % steigert sich auf 6 %, bedingt durch die Kostensenkungsdifferenz 3,0 - 2,0 = 1,0 als Funktion der Erfahrung. Unternehmen A mit 6 % Gewinnspanne und 5 % Umsatzwachstum erzielt eine Gewinnerhöhung von 1,06 • 1,02 = 1,113, also eine Steigerung um 11 % gegenüber dem Branchendurchschnitt von 3 %. In beiden Beispielen erhöht sich die relative Gewinnspanne von Unternehmen A um 1 %. Der Marktanteil erhöht sich nur um 7 % - 5 % = 2 %. Bei Konstanz der Preise verbessern sich die Gewinne aller, vorausgesetzt der Nichtpreis-Wettbewerb verändert sich ebenfalls nicht. Nach 10 Jahren kann Unternehmen A seine Erfahrung verdoppeln, gegenüber einer Steigerung von 60 bis 65 % der Gesamtbranche. Abhängig von der jeweiligen Ausgangsposition können die Marktanteile der Mitbewerber erheblich beeinträchtigt sein. Bei 70 % Marktanteil für A könnte die Wachstumsrate von 7 % nicht aufrechterhalten werden, es sei denn, der Rest der Branche würde schrumpfen. Die relative Gewinnspanne von A würde in diesen 10 Jahren um 10 % steigen, sein Anteil an diesem Markt mit geringem Wachstum jedoch nur um ein Fünftel zunehmen.

Im dritten Beispiel wird ein Unternehmen B mit einer Gewinnspanne von 10 % und einer Wachstumsrate von 19 % bei einem Marktwachstum von 9 % und konstanten Preisen angenommen. Die Kosten von B sollten demnach jährlich um 7,5 % und für die Branche um 3,75 % sinken. Der Kostenvorteil von B vergrößert sich jährlich um 3,75 %. Ferner wächst B um 19 % - 9 % = 10 % schneller als die Branche, verdoppelt also seinen Marktanteil in sieben Jahren. Bei Preiskonstanz verbessert sich die Gewinnspanne von B von 10 % auf 10,0 • 1,19 + 7,5 = 19,4 % und für ein Durchschnittsunternehmen von 10,0 auf 10,0 • 1,09 = 11,23 %. Unter diesen Voraussetzungen kann B 19,4 % - 11,2 % = 8,2 % vom Umsatz ausgeben, um die unterschiedliche Wachstumsrate aufrechtzuerhalten, ungeachtet des Wertes aus den entstandenen Kostenvorteilen. Selbst wenn das Wachstum aufhörte, entspräche die mit 10 % kapitalisierte zusätzliche Spanne ungefähr 80 % vom Umsatz zur Erzielung der Wachstumsrate an Erfahrung. Wächst der Markt über eine gewisse Periode mit 10 %, dann könnte bei einer Kapitalisierungsrate von 10 % ein Betrag in Höhe der gesamten Produktionskosten investiert werden, um den erreichten Marktanteil zu halten oder weiter auszubauen.

Das vierte Beispiel geht von den vorigen Annahmen aus, aber die Preise sinken entsprechend der Kostenentwicklung von B, also mit 7,5 %. Der Gewinn von B wäre bei Konstanz der Spannen mit 19,4 % gewachsen. Die Branche wächst mit 9 % und die Kosten sinken durchschnittlich mit 3,75 %. Daher sinkt die Gewinnspanne der Branche mit mehr als 3,75 %, da dieser Durchschnitt ja die Konstanz der Spanne von B mitenthält. Es handelt sich um eine typische Konstellation der Wettbewerbsbereinigung in Wachstumsmärkten.

Anleger waren immer bereit, für den Marktführer einen höheren Preis zu zahlen. Sie unterstrichen damit die durch die Erfahrungskurve belegte Tatsache, daß der Marktführer höhere und stabilere Gewinnspannen erreicht.

Angenehme oder unangenehme Überraschungen für die Anleger sind meistens die Folge von Verschiebungen in den Marktpositionen. In Wachstumsmärkten gehen bei stabilen Preisen, hohem Auftragsbestand und überlasteten Kapazitäten Marktanteile unbemerkt verloren, manchmal sogar die Marktdominanz. Diese Marktanteilsverschiebungen sind für einen Außenstehenden sehr schwierig zu bestimmen. Mit Hilfe der Erfahrungskurve lassen sich instabile Marktstrukturen besser erkennen, so in Märkten, in denen das Preisniveau schneller sinkt als es der Neigung der Erfahrungskurve entsprechen würde. Sinken die Preise langsamer, muß die Gewinnspanne des Marktführers in der Phase als überhöht angesehen werden, die Marktposition wird geschwächt. Je länger diese Phase andauert, desto niedriger werden Marktanteil und Gewinnspanne liegen, wenn nach einer Periode harten Preiswettbewerbs die Gleichgewichtsstabilität wieder hergestellt ist. Eine Ausnahme bildet lediglich der Marktführer, der seine Marktposition durch aggressive Preisstrategie in der Einführungs- und Expansionsphase aufgebaut hat. Die Phase C, die Preise und Gewinnspannen drückt, wird durch Anleger weniger geschätzt. Wächst der Markt aber weiter, bietet gerade diese Phase sehr günstige Anlagemöglichkeiten. Diese Phase harten Preiswettbewerbs ist geprägt durch das Ausscheiden der Marginalanbieter. Die Überlebenden profitieren davon durch Chancen zur Übernahme dieser Marktanteile.

Zum gegenwärtigen Zeitpunkt wird das Konzept der Erfahrungskurve nur von einer sehr kleinen Minderheit der Unternehmen als operatives Planungsinstrument gehandhabt. Einem weiteren, aber auch noch kleinen Kreis ist es als interessante Beobachtungstatsache bekannt. Der überwältigenden Mehrheit von Managern, vor allem in Europa, ist das Konzept der Erfahrungskurve genauso unbekannt wie das Konzept des Produktportfoliomanagements.

Bekanntheitsgrad der "experience curve"

Die Konsequenzen des Konzepts der Erfahrungskurve für die Formulierung der Unternehmensstrategie sind außerordentlich weitreichend. Freies Unternehmertum kann eine Existenzberechtigung nur besitzen, wenn es den Interessen aller besser dient, die vorhandenen Ressourcen optimaler nutzt als andere Formen des Wirtschaftens. Die Prioritäten der Interessen aller werden durch den politisch, demokratischen Prozeß gesetzt. Das unternehmerische Handeln unterliegt den höheren Zielsetzungen der öffentlichen Wirtschaftspolitik.

Die Wirtschaftspolitik basiert auf bestimmten Annahmen, Verständnissen und Werturteilen über die Einzelwirtschaften, die Unternehmen. In dem Maße, wie diese Auffassungen unvollständig oder falsch sind, wird das öffentliche Interesse geschädigt, weil optimales Wirtschaften der Unternehmen beeinträchtigt wird. Das Konzept der Erfahrungskurve sollte daher unbedingt Eingang in die W i r t s c h a f t s p o - l i t i k finden, d. h. bei der Formulierung der Wettbewerbspolitik berücksichtigt werden:

1. Die Wettbewerbspolitik sollte erkennen, daß Wettbewerbsbeziehungen zwangsläufig instabil sind, bis sich ein Marktführer mit eindeutigen Kostenvorteilen herausgebildet hat. Den Interessen der Abnehmer wird eindeutig besser gedient, wenn diese Entwicklung durch die Wettbewerbspolitik geduldet oder durch Konzentration der Produktion sogar gefördert wird.

2. Die Erfahrungskurve kann Kosten- und Preisentwicklung eindeutig für solche Märkte vorzeichnen, in denen ein wirksamer Wettbewerb entweder nicht mehr existiert oder aus öffentlichem Interesse nicht zweckmäßig ist.

3. Freier Warenverkehr führt zu insgesamt niedrigeren Kosten als Einfuhrschutz. Der Preis dafür ist allerdings gegenseitige Abhängigkeit. Je größer die eigene Volkswirtschaft, desto niedriger der Gesamtvorteil aus freiem Warenverkehr und desto kleiner die Gefahr gegenseitiger Abhängigkeit.

4. Wirtschaftsnationalismus hat einen sehr hohen Preis.

Wettbewerbspolitik und "experience curve"

Die Wettbewerbspolitik hat sich beständig zwischen einer Politik der Sicherung des Wettbewerbs und einer Politik der Abschirmung von Unternehmen vor energischeren und effizienteren Mitbewerbern hin- und hergeschwankt. Die letztere Alternative hat leider zu oft die Oberhand behalten. Diese Wettbewerbspolitik sieht Effizienz oder Kostenvorteil nicht als Funktion von Stärke im Markt oder akkumulierter

Erfahrung. Das Konzept der Erfahrungskurve widerlegt diese Auffassung eindeutig:

1. Die Wettbewerbsbeziehungen bleiben instabil bis sich ein Marktführer von mehrfacher Größe des Marginalanbieters herausgebildet hat.

2. Wettbewerb zwischen größeren Mitbewerbern bedeutet fast zwangsläufig das Ausscheiden von Marginalanbietern.

3. Die Kostenentwicklung, die ein Marktführer erreichen kann, wird die Abnehmervorteile, die aus Wettbewerb zwischen gleichstarken Mitbewerbern entstehen, weit in den Schatten stellen.

Die obigen Aussagen lassen sich quantitativ wie folgt darstellen:

1. Die Konzentration der Produktion führt zu Einsparungen von 20 bis 30 % gegenüber einer Verteilung auf zwei gleichwertige Produzenten.

2. Bei Verteilung der Produktionsmenge auf vier Hersteller liegen die Kosten 35 bis 50 % höher als bei Konzentration der Produktion.

3. Der Kostennachteil bei Verteilung auf acht Hersteller wird zwischen 50 bis 65 % liegen.

Die Beweise einer hohen Korrelation von K o s t e n v o r t e i l und Marktdominanz sind überwältigend, gleichgültig wie groß oder klein das Unternehmen oder der absolute Marktanteil sind. Die Konsequenzen für die Wettbewerbspolitik sind offensichtlich. Wettbewerb sollte gefördert werden. Mitbewerbern, die im Wettbewerb nicht mithalten können, sollte unter keinen Umständen Unterstützung gewährt werden. Zersplitterung der Produktion fordert von der Volkswirtschaft in Form höherer Preise für die Endabnehmer und der Erschwerung von Kapitalbildung bei den effizienten Mitbewerbern einen sehr hohen Preis.

Die Bundesrepublik Deutschland liefert vielfältige Beweise für die insgesamt niedrigeren volkswirtschaftlichen Kosten und bessere Nutzung der Ressourcen durch eine konsequente Freihandelspolitik auch in schwierigen Zeiten, wie unlängst während der Ölkrise. Für zwei miteinander Handel treibende Volkswirtschaften können die Produktionskosten nach Aufhebung aller Beschränkungen bis zu 30 % gesenkt werden. Eine Erweiterung auf vier Volkswirtschaften kann zu einer Halbierung der Produktionskosten führen.

Diese Kostenvorteile müssen mit zunehmender A b h ä n g i g k e i t bezahlt werden, da nach dem Konzept der Erfahrungskurve Kostenvorteile dort entstehen wo sich die größte akkumulierte Erfahrung herausbildet. Die Schnelligkeit, mit der sich Marktführer für die gesamte Region in der einzelnen Produktion herausbilden, hängt von den Wachstumsraten der einzelnen Märkte ab. Die Schlußfolgerungen für die Außenhandelspolitik sind wiederum eindeutig. Jede Ausweitung des Handelsraumes bringt Kostenvorteile. Den größten Vorteil aus der Erweiterung des Handelsraumes werden die kleineren Länder ziehen, die schon vorher ihre Märkte geöffnet und ihre Volkswirtschaften wettbewerbsfähig gehalten hatten.

Wirtschaftsnationalismus erscheint vor dem Hintergrund der Erkenntnisse aus dem Konzept der Erfahrungskurve als extrem teurer Luxus. Autarkie verkleinert den Markt und verwehrt den Zugang zu den Produkten, die von effizienteren Herstellern angeboten werden.

Jede Halbierung des Produktionsvolumen erhöht die Kosten um 30 bis 40 %. Autarkie verringert den Ausnutzungsgrad vorhandener Ressourcen. Die EG hat diese Erfahrungstatsache eindeutig bestätigt. Nicht die technologische Lücke ist verschwunden, sondern ein größerer Markt ist plötzlich entstanden. Die wirtschaftlichen Schwierigkeiten Englands sind auch durch den Wirtschaftsnationalismus der Commonwealth-Länder, also durch einen plötzlich verkleinerten Markt entstanden. Nur große Volkswirtschaften wie die USA können sich eine Tendenz zum Wirtschaftsnationalismus hin leisten.

Drittes Kapitel

Produktportfolio als Grundlage strategischer Unternehmensplanung

1. Die Ablösung des "profit center" durch das "market center" als kleinste Einheit strategischer Unternehmensplanung

Die Ausführungen über die strategische Planung und die Erfolgsfaktoren führen zwingend zu der Erkenntnis, daß die traditionellen Methoden strategischer Unternehmensplanung, die als selbständige Unternehmensfunktion erst gut 10 Jahre besteht, den geänderten Anforderungen nicht mehr genügen. In dem Maße, wie sich der Datenrahmen noch schneller wandelt, unsicherer und komplexer wird, schwieriger zu durchschauen und zu verfolgen ist, muß die konventionelle, einheitliche Unternehmensstrategie und der uniforme Planungsprozeß neuen Planungskonzepten weichen. Einheitlichkeit muß sich auf wenige Bereiche beschränken, wie Buchhaltungsprinzipien, Verschuldungsgrad, Unternehmensimage.

Das Konzept der Erfahrungskurve ließ deutlich werden, daß die strategische Unternehmensplanung vom Prinzip der Einheitlichkeit zu dem Prinzip der D i f f e r e n z i e r u n g weiterentwickelt werden muß. Nur wenige Unternehmen basieren auf einem einzigen Produkt. Der Gesamtumsatz der Mehrzahl von Unternehmen setzt sich aus den Umsätzen einzelner Produkte zusammen. In diesem Portfolio von Produkten sind die Wachstumsaussichten unterschiedlich, einige Produkte sind wachstumsorientiert, andere weisen nur geringe Wachstumsraten, aber hohe Gewinne, auf. In diesem Produktportfolio zeigen sich Differenzen in den Anforderungen an die Ressourcen, einige Produkte werden die knappen Management- und Kapitalressourcen stark beanspruchen, andere ihren Beitrag zum überlebensnotwendigen, positiven Cash-flow leisten. Unübersehbar sind auch die unterschiedlichen Risiken und Probleme in dem Produktportfolio. Einige Produkte halten das gesamte zukünftige Potential, andere stellen erhebliche unternehmerische Risiken, aber auch Chancen dar, weitere haben sich als Mißerfolg erwiesen und sollten eliminiert werden.

Die strategische Unternehmensplanung muß erstens die Differenzen des Produktportfolios beachten. Sie muß die Unterschiede so ausbalancieren, daß zu jedem Zeitpunkt die überlebensnotwendige Liquidität gesichert ist. In diesem Zusammenhang muß vor allem vor der trügerischen Extrapolation historischer Trends gewarnt werden. Bei einem umfangreichen Produktportfolio kann auch die Übersichtlichkeit verlorengehen, wenn Einzelplanungen zusammenhanglos nebeneinandergestellt werden.

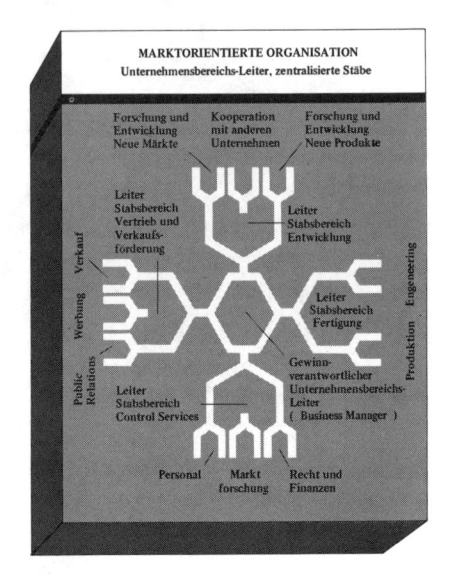

Hier empfiehlt sich die Gruppierung nach "market centers", einem neueren Marketingkonzept, daß von Unternehmen wie XEROX, IBM, GENERAL FOODS, NCR sehr erfolgreich praktiziert wird.

Gegenwärtig basiert die strategische Unternehmensplanung vorwiegend auf dem "profit center", einem finanzpolitisch orientierten Organisationsprinzip. Das Gewinnzentrum stellt die kleinste unternehmerische Einheit mit umfassender Management-Verantwortung dar, die eine Gruppe von Gütern oder Dienstleistungen umfaßt, die für bestimmte Märkte produziert und/oder vertrieben werden. Die Posten der Gewinn- und Verlustrechnung dienen dem Management des jeweiligen Gewinnzentrums als Planungs- und Kontrollinstrument. Das "m a r k e t c e n - t e r" dagegen, ein marktorientiertes Organisationsprinzip, kann ein oder mehrere Gewinnzentren umfassen.

Das Marktzentrum führt seine eigene strategische Planung durch. Es basiert auf der Bereitstellung und Kontrolle von Ressourcen, berücksichtigt die Dynamik des Datenrahmens, macht das Marktwachstum statt der Marktstruktur, den Lebenszyklus statt der Güterart, statt Anlage- und Umlaufvermögen ihre Schaffung und Erneuerung zur Grundlage der Planungsüberlegungen. Die organisatorische Ausrichtung nach Marktzentren empfiehlt sich vor allem bei Bedrohung der Marktführerschaft, bei Stagnation interner Produktentwicklung, zur Verbesserung der Gewinnsituation, zur Gewinnung von unternehmerisch orientierten Managern. Die strategische Unternehmensplanung auf der Basis von Marktzentren verbessert die Wachstumsmöglichkeiten in zweifacher Hinsicht. Erstens können die ausgewählten Märkte intensiver bearbeitet werden. Zweitens können diese ausgewählten Märkte extensiver bearbeitet werden, indem verwandte Produkte erkannt und organisatorisch zusammengefaßt werden. Der Erfolg dieser horizontalen Gruppierung hinsichtlich der Nachfrage verwandter Produkte in Marktzentren wird entscheidend durch die Nachfrageintensität und die Marktposition des Leitproduktes, d. h. des Produktes mit der höchsten Nachfrageintensität, bestimmt.

2. Das Produktportfolio-Management

Die Ausrichtung der strategischen Unternehmensplanung nach Marktzentren setzt zunächst die Bestimmung der Marktzentren voraus, in denen das Unternehmen sich engagieren möchte. Die zukünftige langanhaltende Verknappung der Ressourcen, die Verengung des Kapitalmarktes, die Verteuerung von Energie und Rohstoffen und der Mangel an qualifiziertem Management, wird die Unternehmensleitungen zur Aufgabe der Ressourcenverschwendung der letzten zwanzig Jahre zwingen. Die Verzettelung in Marginalaktivitäten, das Festhalten an Überholtem, das Überangebot an Substitionsprodukten, unüberlegte Diversifikation werden sehr schnell die Wettbewerbsfähigkeit des Unternehmens beeinträchtigen. Nur die Unternehmen, die sich an den Erkenntnissen der PIMS-Studie und des Konzeptes der Erfahrungskurve in ihren strategischen Entscheidungen orientieren, werden die nächsten 10 oder 15 Jahre überleben. Die knappen Ressourcen werden noch nicht einmal ausreichen, um sich in den Marktzentren zu betätigen, in denen Marktdominanz erreicht und erhalten werden kann. Diese bittere Erkenntnis muß vielen Unternehmensleitungen erst noch bewußt werden. Für viele wird diese Erkenntnis zu spät kommen.

Das Instrumentarium des Produktportfoliomanagements, dessen Entwicklung wiederum entscheidend durch die Boston Consulting Group gefördert wurde, kann zumindest die Unkenntnis über die gegenwärtige Wettbewerbsfähigkeit beseitigen. Mit sehr einfachen Mitteln kann für jedes einzelne Produkt die jetzige Marktposition bestimmt werden. Über das jeweilige Leitprodukt kann anschließend die Wettbewerbsposition des Marktzentrums abgeleitet werden.

Werden die Erkenntnisse des Konzeptes der Erfahrungskurve hinzugezogen, läßt sich die Entwicklung der Wettbewerbsfähigkeit über einen Zeitraum bis zu fünf Jahren erkennen. Diese Analyse ermöglicht anschließend die Aufdeckung von Lücken in der Wettbewerbsfähigkeit, der Umsatz- und Gewinnerzielung, sowie vor allem in der überlebensentscheidenden kontinuierlichen Sicherung der Liquidität. Die Erkenntnis zukünftiger Wettbewerbs- oder Liquiditätsprobleme bringt noch keine Lösung, noch nicht einmal Ansatzpunkte zu Lösungen. Sie bedeutet jedoch kostbaren Zeitgewinn. Sie ermöglicht das frühzeitige Kappen unproduktiver und marginaler Aktivitäten und damit das rechtzeitige Freiwerden der in diesen Aktivitäten gebundenen Ressourcen. Sie deutet die Richtung für Innovationen an. Ihr größter Beitrag liegt aber in der Objektivierung der

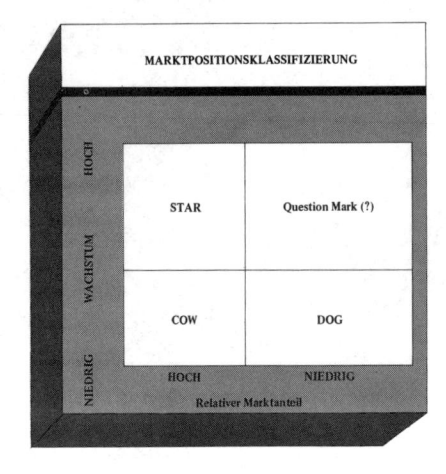

Notwendigkeit von Innovationen, die selbst die trägsten und selbstgerechtesten Unternehmensleitungen zum Handeln zwingt.

2.1. Die Marktpositionsklassifizierung

Das erste Analyseinstrument ist die Marktpositionsklassifizierung. Die strategische Unternehmensplanung sollte grundsätzlich mit der Marktpositionsklassifizierung beginnen. Das einzelne Produkt wird über die beiden wichtigsten Marktkräfte, Marktwachstum und Marktanteil, eingestuft.

Wegen ihrer Bildhaftigkeit sollen hier die in den USA gebräuchlichen Definitionen für die vier Marktpositionen beibehalten werden.

Produkte mit hohem Marktwachstum, über 10 % real, und dem Potential zu dominierender Marktposition bis in die Reifephase, werden als STAR definiert.

Definitionen

In der Einführungsphase und vor allem in der Expansionsphase verbrauchen sie sehr viel Liquidität. Der dominierende relative Marktanteil muß erkämpft und verteidigt werden, wenn ein optimales Cashflow Potential für die Reifephase erhalten bleiben soll. Jeder Versuch, diesen Gütern die in der Expansionsphase schon erzielten Gewinne zu entziehen, statt sie zusammen mit zusätzlichen Mitteln zu reinvestieren, zwingt sie schon während der Ausreifungsphase in eine Position des niedrigen Marktanteils und Wachstums.

Produkte mit hohem relativem Marktanteil und einem Wachstum etwa im Ausmaß des Bruttosozialprodukts werden als COW oder CASH COW bezeichnet.

Sie befinden sich überwiegend in der Reifephase. Sie stellen kein so attraktives Investitionspotential dar wie die STARS, bilden aber die Hauptquelle des Unternehmens für die ausgewiesenen Gewinne und die Liquidität. Ihre hohe Rentabilität verleitet viele Unternehmensleitungen zu weiteren Investitionen in der falschen Hoffnung, die Wachstumsrate anheben zu können, während die Zielsetzung eindeutig Maximierung des Cash-flow bei Verteidigung der Marktposition sein sollte.

Produkte mit niedrigem relativem Marktanteil bei hohem Marktwachstum werden als QUESTION MARK (?) definiert.

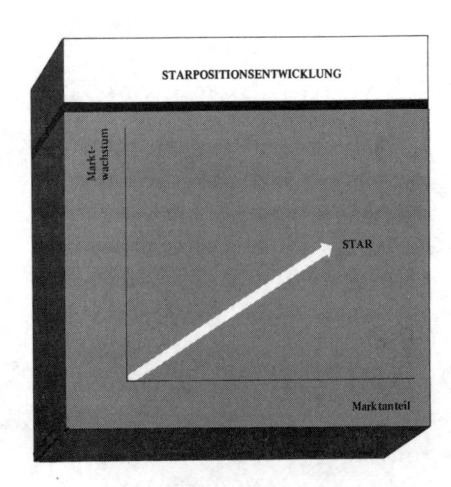

Diese Produkte müssen einen hohen relativen Marktanteil erst noch erringen, bevor ihre Reifephase beginnt. Sie erfordern schwere Investitionen an Kapital und Management. Ihre schwache Marktposition ist immer die Folge einer Nichtbeachtung der Erkenntnisse der Erfahrungskurve, vor allem in der Einführungsphase. Die meist begrenzten Ressourcen eines Unternehmens gestatten nur eine begrenzte Anzahl von ?-Produkten im Portfolio. Stehen ausreichende Mittel nicht zur Verfügung, um sie zu STARS auszubauen, empfiehlt sich ein frühzeitiger Rückzug aus dem Markt.

Produkte mit niedrigem Marktwachstum und niedrigem relativem Marktanteil werden als DOGS definiert.

Viel zu oft werden an ihnen knappe Ressourcen über lange Perioden in der Hoffnung verschwendet, ihre Gesamtkapitalrentabilität zu verbessern.

Selten läßt sich eine angemessene Rentabilität erzielen. Sie sollten so geräuschlos und schnell wie möglich aus dem Markt gezogen werden, um die gebundenen Ressourcen für wichtigere Aufgaben freizumachen. Manchmal läßt sich ein Verkauf an ein Unternehmen mit anderer strategischer Konzeption realisieren. In einigen Fällen können sie auch noch als Preisinstrument im Wettbewerbskampf dienlich sein. Auf jeden Fall sollten alle Investitionen in sie gestoppt werden.

Der Zusammenhang zwischen Marktstrategie und den Phasen des Lebenszyklus ist schon mehrfach hervorgetreten. Jedes Produkt durchläuft die verschiedenen Phasen des Lebenszyklus und damit zwangsläufig zumindest einige der vier Marktpositionsklassifizierungen.

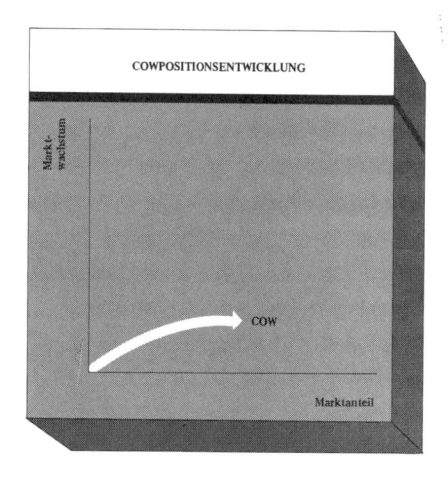

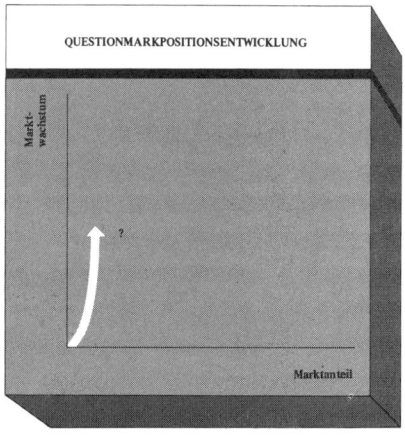

Ein Produkt wird intern zur Marktreife entwickelt. Von vornherein wurde ein Wachstumsmarkt ausgewählt. Ausreichende Ressourcen zur Erringung der Marktdominanz stehen bereit und werden frühzeitig eingesetzt. Ein hoher Marktanteil wird gegen Ende der Expansionsphase erreicht, gefestigt und bis in die Ausreifungsphase hinein verteidigt. Die Optimierung des Cash-flow kann bis in die Rückbildungsphase durchgehalten werden. Diesen Verlauf des Lebenszyklus zeigt die Darstellung. In jedem Stadium der Lebenszyklusphase ist die Gefahr eines Mißerfolges gegeben. Die Wachstumsrate des Marktes wird überschätzt. Die Ressourcen erweisen sich in der Einführungsphase als zu knapp bemessen, sie übersteigen in der Expansionsphase die Möglichkeiten des Unternehmens, sie werden zu spät und zu zögernd eingesetzt. Die Aggressivität der Mitbewerber in der Expansionsphase wird ebenso unterschätzt wie das Marktwachstum. Die Marktanteilsstrategie wird zu früh zugunsten der Gewinnrealisierung aufgegeben. In der Reifephase wird weiter investiert in der Hoffnung, die Wachstumsrate anheben zu können oder die Verteidigung der Marktposition wird vernachlässigt. Nach Erreichen der Rückbildungsphase wird das Produkt zu lange im Markt gehalten.

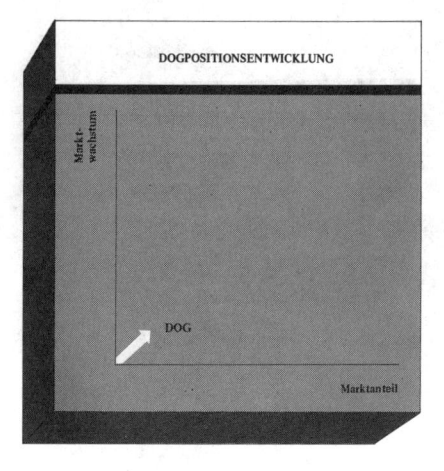

In allen Fällen sollten diese Entwicklungen frühzeitig erkannt und entsprechend den Erfolgsaussichten schnell korrigiert werden. Bei ungünstigen Erfolgsaussichten muß sofort der Rückzug aus dem Markt eingeleitet werden, bevor weitere Ressourcen nutzlos aufgesogen werden. Nur wenn das Produktportfolio gut ausgewogen ist, werden die reifen Märkte die Mittel zur Unterstützung der STARS und für Investitionen in einigen ausgesuchten QUESTION MARKS erwirtschaften, die ihrerseits dann in drei bis sieben Jahren die Mittel zu neuen Investitionen erarbeiten können.

Zweck der Marktpositionsklassifizierung

Die Marktpositionsklassifizierung ermöglicht für jedes Produkt die Auswahl der passenden Marktstrategie, sie zwingt die Unternehmensleitungen geradezu zu diesen Entscheidungen.

Die Schlüsselbereiche der Zukunft sollten sich durch dynamisches Wachstum auszeichnen, im Gegensatz zu Marktzentren mit niedrigem Gewinnpotential. Der hohe Liquiditätsbedarf und das große Risiko der Marktstrategien in vertikaler Richtung sollte ebenso klar erkannt werden, wie die möglichen interessanten Marktchancen. Für die Marktzentren in horizontaler Richtung muß die Marktstrategie auf Optimierung der Liquiditätsgewinnung ausgerichtet sein, wobei Wachstumsmöglichkeiten bewußt nicht ausgeschöpft werden.

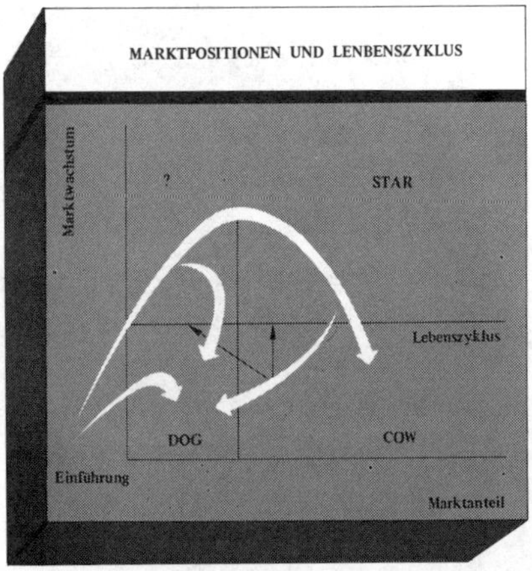

Die Analyse der Marktpositionen zum gegenwärtigen Zeitpunkt, die Entwicklung in fünf, zehn Jahren kann nicht bei der bloßen Bewertung von relativem Marktanteil und Wachstum des Marktes stehenbleiben. Ist ein Bereich mit niedrigem Wachstum und relativem Marktanteil tatsächlich als DOG zu klassifizieren, obwohl eine gesicherte und hohe Gesamtkapitalrentabilität erzielt wird? Kann ein Gut als STAR gelten, auch wenn dem Unternehmen die notwendigen Ressourcen zur Absicherung der Marktposition fehlen? Die Analyse muß tiefer in die Ressourcenfordernisse eindringen.

Besitzt das Unternehmen die geeigneten Manager? Die kühnen, risikobereiten Entrepreneure für die QUESTION MARK Projekte? Die disziplinierten, ausgeglichenen Manager für die STAR-Bereiche? Die effizienten Führer zur Liquiditätsoptimierung der CASH COWS? Die erfahrenen, harten Operateure zur Aufgabe der DOGS? Können sie ihren unterschiedlichen Aufgaben entsprechend überhaupt gerecht entlohnt werden? Laufen die Kapitalinvestitionen tatsächlich überwiegend in die STAR- und QUESTION MARK-Bereiche oder versickern sie nutzlos bei den DOGS und COWS? Auch hier erweisen sich die Vorzüge des Instruments der Marktpositionsklassifizierung: Es zwingt die Unternehmensleitungen die Problematik der Ressourcen zu beachten und es hilft die richtigen Fragen zu stellen.

Die Verwendbarkeit kann schließlich auch auf die Festlegung der Zielsetzungen für die einzelnen Marktzentren ausgedehnt werden.

Schnelle Gewinnung zusätzlicher Marktanteile im Ausmaß der bereitgestellten Ressourcen sollte Z i e l s e t z u n g der QUESTION MARK-Marktzentren sein. Errringung und Absicherung der Marktdominanz ist die Zielsetzung für die STAR-Marktzentren. Als Zielsetzung für die COW-Marktzentren stellt sich die Optimierung des Cash-flow, der Liquidität. Operative Verbesserungen, Umstrukturierungen oder letztlich Herausnahme aus dem Markt sind schließlich die Zielsetzungen für die DOG-Marktzentren. Nur diese Übereinstimmung der Zielsetzungen für die einzelnen Marktzentren mit den jeweiligen Marktpositionen und Phasen des Lebenszyklus für das Leitprodukt der einzelnen Marktzentren gewährleistet eine optimale Verwendung der bereitgestellten Ressourcen und führt zu einer Optimierung der Gesamtkapitalrentabilität nicht nur der einzelnen Marktzentren, sondern auch des Produktportfolios; endlich auch des Gesamtunternehmens. Die veränderten Rahmenbedingungen, die anhaltende und zunehmende Verknappung der Ressourcen und die kontinuierlich steigenden Kosten ihres Einsatzes zwingen selbst Unternehmen mit großen Ressourcen, weit differenzierten Marktaktivitäten und vielfältigen Wachstumschancen in engere Expansionsbahnen, zu einem Ausgleich zwischen Umsatzwachstum und Gewinnverbesserung bei einer Mindestrentabilität des Kapitals oder der Anlagen sowie einer eindeutigen Begrenzung der verfügbaren Ressourcen.

Das Wachstum eines jeden Produktes oder Marktzentrums wird dabei zunächst am Maßstab des Cash-flow, des Beitrags zur Liquidität und erst danach an den verschiedenen Kriterien der Rentabilität gemessen.

Zielsetzungen der verschiedenen Marktzentren

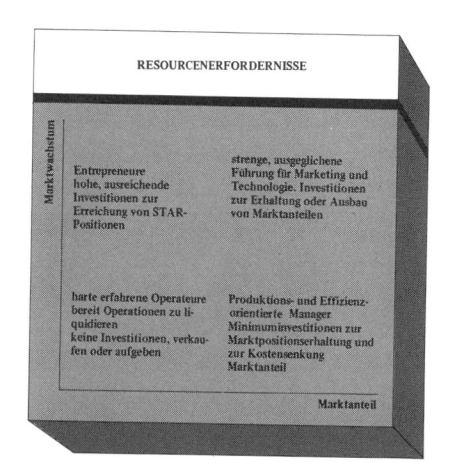

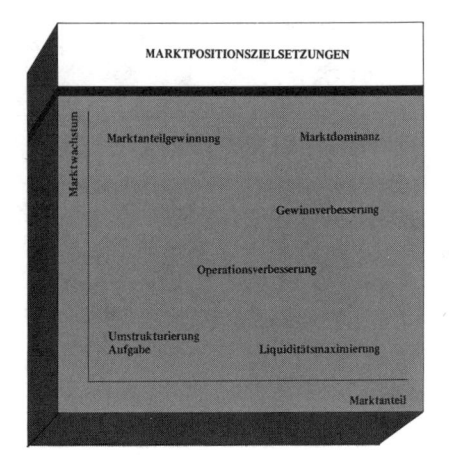

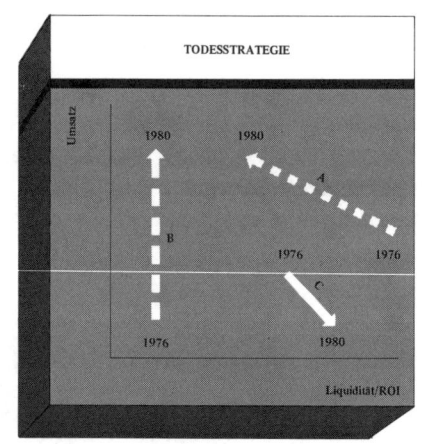

Wie schnell ein Ungleichgewicht in den Marktzentren, schlechtes Produktportfolio-Management, zu einer Todesstrategie für ein Unternehmen werden kann, läßt sich an nebenstehendem Beispiel demonstrieren.

Für ein STAR-Marktzentrum A plant die Unternehmensleitung noch eine erhebliche Umsatzausweitung, also den Einsatz weiterer Mittel, obwohl es sich bereits dem Anfang der Reifephase nähert. Ein neues QUESTION MARK-Marktzentrum wird so stark unterstützt, daß zwar ein spektakuläres Umsatzwachstum und Marktanteilswachstum erreicht werden, aber es erfolgt kein Beitrag zur Liquidität. Das reife COW-Marktzentrum C fällt zwar nur geringfügig ab, die Verluste genügen jedoch um die kleineren Liquiditätsverbesserungen aus niedrigeren Außenständen und Vorräten weitgehend aufzusaugen. Dieses Unternehmen wird nicht nur die gebotenen Wachstumschancen bald nicht mehr wahrnehmen können, sondern in relativ kurzer Zeit um das finanzielle Überleben kämpfen müssen.

2.2. Der Mitbewerbervergleich der Marktpositionen

Der Wettbewerb findet zwischen Unternehmen statt. Er entscheidet über das Überleben von Unternehmen. Er wird geführt über Produkte als Wettbewerbsinstrumente. Er wird geplant über Wettbewerbsstrategien für Marktzentren. Unternehmen unterscheiden sich in ihren Produktportfolios und Marktzentren. Die Wettbewerbsfähigkeit des Unternehmens ist eine Funktion sowohl der Stärke des einzelnen Produktes und Marktzentrums im Vergleich zu den Mitbewerbsprodukten und -marktzentren als auch der Stärke der Summe aller Marktpositionen von Produkten und Marktzentren zu Mitbewerberunternehmen, mit denen sich das eigene Portfolio meistens nur teilweise überlappt. Kein Unternehmen besitzt Marktdominanz in allen seinen Produkten und Marktzentren. Entscheidend für die Wettbewerbskraft, für das Überleben ist die Zusammenstellung eines Portfolios, das im Hinblick auf alle Mitbewerberunternehmen mit denen sich das eigene Portfolio überschneidet, Ü b e r l e g e n h e i t gewährleistet. Gegenüber einem Mitbewerber mit größeren Ressourcen muß eine möglichst unantastbare Marktdominanz bestehen. Ist diese nicht gegeben, empfiehlt sich äußerste Vorsicht bei der Bereitstellung von Mitteln für dieses Marktzentrum.

Generell empfiehlt sich das Engagement in solchen Märkten, in denen sich erwartungsgemäß nur Mitbewerber mit schwachen Ressourcen betätigen werden. Grundsätzlich sind alle Wettbewerbsmaßnahmen dahingehend zu prüfen, welchen Einfluß sie auf die Wettbewerbsfähigkeit aller für die eigenen Marktzentren relevanten Mitbewerber haben. Das setzt einen Marktpositionsvergleich des eigenen Portfolios mit den Portfolios relevanter Mitbewerber voraus. Aus Zweckmäßigkeitserwägungen empfiehlt sich dabei die Beschränkung auf die Leitprodukte der eigenen sowie der Marktzentren der relevanten Mitbewerber.

Der Mitbewerbervergleich der Marktpositionen ist eine der Grundvoraussetzungen bei der Erstellung der strategischen Unternehmensplanung. Welche Konsequenzen eine einfache Preiserhöhung haben kann, läßt sich aus dem obigen Beispiel aus der Praxis verdeutlichen. Die Unternehmensleitung hatte beschlossen, die Gewinne des DOG-Bereiches (Position 3) zu verbessern. Sie vermochte nicht einzusehen, daß dieses Marktzentrum, dessen Erfolg in der Vergangenheit drei von fünf Mitgliedern der Unternehmensleitung in ihre jetzige Position getragen hatte, das immer hohe Gewinne und Liquiditätsüberschüsse erzielt hatte, plötzlich in eine verlustbringende DOG-Position abgerutscht war. Daß diese Gewinne mit kontinuierlichen Marktanteilsverlusten schon während der Expansionsphase bis auf nur 10 % Marktanteil herausgepreßt worden waren, wurde weitgehend verdrängt. Die Preise wurden um 10 % erhöht, der Gewinn verbesserte sich um eine Million DM. Diese Preiserhöhung gab dem Unternehmen C den erhofften Vorwand, die Preise ebenfalls anzupassen. Eine Preiserhöhung um ebenfalls 10 % brachte bei 40 % Marktanteil zusätzlichen Gewinn von vier Millionen DM. Zusätzliche Investitionen zur Absicherung oder Stärkung der Marktposition erschienen gegen Ende der Expansionsphase nicht erforderlich. Die vier Millionen DM wurden in das QUESTION MARK-Projekt des Unternehmens investiert. Die Marktanalyse auf der Basis der Erkenntnisse der Erfahrungskurve zeigte eindeutig, daß der STAR-Mitbewerber über einen langen Zeitraum einen Preisschirm über den Markt gehalten hatte. Eine aggressive Preisstrategie versprach gute Erfolgsaussichten zur Erhöhung des gegenwärtigen Marktanteils von 10 %. Die zusätzlichen vier Millionen DM wurden zur Finanzierung dieser aggressiven Preisstrategie eingesetzt. Der STAR-Bereich wurde von dieser Preisstrategie voll getroffen. Die führende Marktposition mit 40 % Marktanteil geriet in Gefahr. Die Expansion würde noch eine gewisse Zeit weitergehen. Die STAR-Position mußte verteidigt werden und zwar im Preiswettbewerb, da Nichtpreis-Wettbewerbsmaßnahmen in dieser Situation nicht mehr griffen. Die Preissenkung von ebenfalls 10 % sicherte zwar die Marktposition, kostete aber 16 Millionen DM.

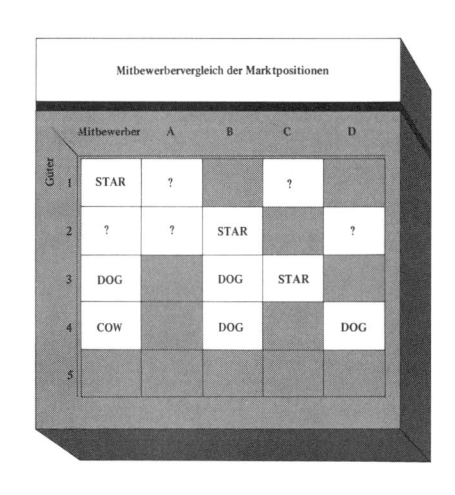

Güter \ Mitbewerber	A	B	C	D
1	STAR	?		?
2	?	?	STAR	?
3	DOG		DOG	STAR
4	COW		DOG		DOG
5				

Mitbewerbervergleich der Marktpositionen

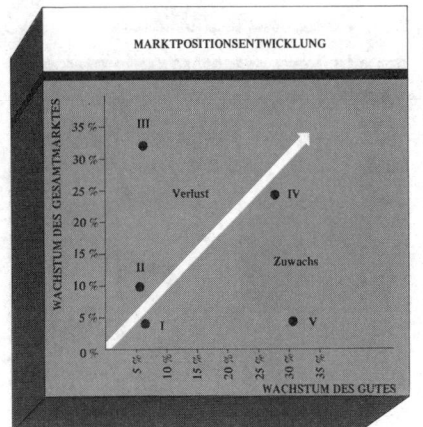

2.3. Die Marktpositionsentwicklung in der Vergangenheit

Die Marktpositionsklassifizierung vermittelt ein statisches Bild der Wettbewerbsfähigkeit. Wettbewerb aber ist dynamisch. Dieser Tatsache trägt das Konzept der Erfahrungskurve Rechnung, das in seiner Aussagekraft sowohl vergangenheits- als auch zukunftsorientiert ist.

Es besteht also Bedarf nach einem A n a l y s e i n s t r u m e n t, das die Entwicklung der Marktpositionen in der Vergangenheit aufzeichnen kann, aus der dann Schlußfolgerungen für die Entwicklung der Wettbewerbsfähigkeit in der Zunkunft gezogen werden können.

Ein solches Analyseinstrument, das wiederum mit sehr einfachen Mitteln erstellt werden kann, steht zur Verfügung. Es stellt über eine Periode von drei bis fünf Jahren das Wachstum eines Produktes dem Wachstum des Gesamtmarktes gegenüber. Ist der Marktanteil schwierig zu ermitteln, kann auch die Produktionskapazität als Indikator verwendet werden. In nebenstehende graphische Darstellung gebracht, besitzt dieses Analyseinstrument für die Unternehmensleitungen in der Praxis eine sehr hohe Aussagekraft.

Positionen auf der 45°-Linie bedeuten weder Verlust noch Gewinn an Marktposition. Der Bereich oberhalb der 45°-Linie weist auf Marktanteilsverluste hin. Positionen unterhalb der 45°-Linie dokumentieren eine Stärkung der Wettbewerbsfähigkeit.

Position I stellt den Fall eines Produktes dar, das seine Position im Markt zwar verbessern konnte, aber in einem Markt, der kaum wächst. Handelt es sich um ein Produkt in der Reifephase und wurde die Marktpositionsverbesserung ohne zusätzliche Investitionen, also durch Fehler der Mitbewerber, erreicht, sind alle Zeichen für einen erfreulichen Cash-flow Beitrag gegeben. Handelt es sich um ein neues Produkt, wurde offensichtlich in einen wenig interessanten Markt investiert.

Position II bringt Marktanteilsverluste ans Tageslicht. Wiederum ist für die weitere Beurteilung die Kenntnis der Lebenszyklusphase wichtig. Diese Kenntnis ist den Unternehmensleitungen ja gegeben. So kann es sich in diesem Beispiel durchaus um eine wohlüberlegte Managemententscheidung handeln, die für ein Produkt in der Reifephase aus Liquiditätserwägungen für das Gesamtunternehmen der kurzfristigen Maximierung des Gewinnes den Vorzug gab.

Position III kann auf ein QUESTION MARK-Projekt hinweisen, dem ausreichende Unterstützung versagt wurde. In einem Wachstumsmarkt konnte die Marktposition entweder gar nicht erst ausgebaut werden oder sie wurde stark ausgehöhlt. Hier ist eine Entscheidung zu treffen: Rückzug aus dem Markt oder Einsatz von Ressourcen zur drastischen Verbesserung der Marktanteile.

Position IV dokumentiert ein STAR- oder QUESTION MARK-Produkt. In einem Wachstumsmarkt wurde Marktanteil gewonnen. Für ein STAR-Produkt bestünden gute Voraussetzungen, die Marktdominanz bis in die Reifephase zu verteidigen. Für ein QUESTION MARK-Produkt scheinen günstige Voraussetzungen des Hineinwachsens in eine STAR-Position zu bestehen.

Position V schließlich stellt einen außerordentlichen Erfolg in einem wenig interessanten Markt dar. Für ein neues Produkt wäre hier das Beispiel einer grandiosen Fehlinvestition gegeben: zuviel im falschen Markt; für ein reifes Produkt; wahrscheinlich ein Management, das an die sinkenden Wachstumsraten seines Produktes — also des Produktes, das sie in die Spitzenpositionen des Managements getragen hat — nicht glauben will und weiter investiert.

Ein ausgewogenes Produktportfolio würde eine gleichmäßige Verteilung entlang der 45°-Linie zwischen der Position I und Position IV aufweisen, mit Positionen die für reife Produkte etwa zwischen den Positionen I und II auf der 45°-Linie liegen und sich dann zunehmend unterhalb der 45°-Linie von dieser in dem Maße entfernen, wie das Wachstum der jeweiligen Märkte ansteigt. Die graphische Darstellung des eigenen Produktportfolios ermöglicht mit einem Blick sehr weitreichende Schlußfolgerungen über die Wettbewerbsfähigkeit des eigenen Unternehmens, das Vorhandensein und die Qualität der strategischen Unternehmensplanung sowie die Qualifikation des Managements im Unternehmen, wie später an drei Unternehmen aus dem oberen Drittel der Fortune 500 noch plastischer vorgeführt werden wird.

2.4. Die Marktpositionsbewertung

Die Entwicklung der Marktpositionen sagt noch nichts aus über die Wettbewerbsstärke der einzelnen Marktposition oder über die Bedeutung im Rahmen aller Aktivitäten für das Gesamtunternehmen. Eine weitere Verfeinerung der Analyse von Marktpositionen, die mit der Marktpositionsklassifizierung begann und sich über den Mitbewerbervergleich sowie die Marktpositionsentwicklung fortsetzte, ermöglicht das Analyseinstrument der Marktpositionsbewertung. Dieses Analyseinstrument ist überwiegend intern auf das Produktportfolio ausgerichtet. In einer Situationsanalyse wird der aktuellen Wachstumsrate des Marktes der relative Marktanteil gegenübergestellt.

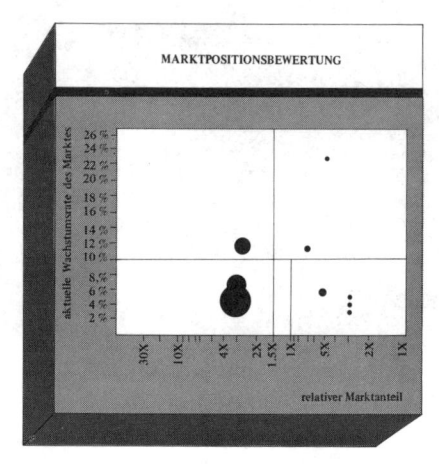

Die graphische Darstellung vermittelt in außerordentlich anschaulicher Weise einen detaillierten und tiefgehenden Einblick in die Struktur des Produktportfolios. Die bisherigen Analyseinstrumente gaben eher einen Einblick in die Entwicklung in der Vergangenheit. Sie zeigten Stärken und Schwächen der Wettbewerbskraft auf. Diese Aufgaben erfüllt auch das Analyseinstrument der Marktpositionsbewertung. Ihr Beitrag aber reicht weiter.

Sie vermag anzudeuten, an welchen Punkten die strategische Unternehmensplanung ansetzen muß, um Schwächen auszugleichen, wo Lücken bestehen oder sich entwickeln werden, wo der Einsatz von Mitteln konzentriert werden muß.

Angaben über die aktuelle Wachstumsrate der Märkte sind nicht nur für die Leitprodukte der Marktzentren, sondern für alle Produkte relativ einfach zu erstellen. Auch über die relativen Marktanteile bestehen in den Unternehmen meist genaue Vorstellungen. Der relative Marktanteil ist dabei hinsichtlich der Aussagekraft über die Marktposition von größerer Aussagekraft als der absolute Marktanteil. 20 % Marktanteil können in einem kleinen Spezialmarkt viel zu wenig und in einem Markt für Massenprodukte des täglichen Bedarfs außerordentlich hoch sein. Der relative Marktanteil gibt Aufschluß über die eigene Marktposition im Vergleich zum nächststärkeren und/oder nächstschwächeren Mitbewerber. Die Untersuchungen über die Erfahrungskurve haben gezeigt, daß Wettbewerbsgleichheit häufig auf einem relativen Marktanteil von 1,5 basieren. Der Marktführer besitzt 50 % Marktanteil, das nächststärkere Unternehmen 25 %, das nachfolgende 12 % und in den Rest teilen sich die Marginalanbieter. Die Praxis hat immer wieder bestätigt, daß Marktanteile über 50 % zunehmend teurer und unrentabler werden. Eine Marktdominanz basierend auf dem 1,5-fachen relativen Marktanteil garantiert eine starke Wettbewerbsposition. Die obige Darstellung zeigt ein konservatives, sehr ertrags- und liquiditätsstarkes Unternehmen. Durch die unterschiedliche Größe der Kreise wird die Umsatz- und Gewinnbedeutung der einzelnen Produkte oder Marktzentren bezogen auf das Gesamtunternehmen dargestellt. Das obige Beispiel zeigt ein Unternehmen mit zwei sehr wettbewerbsstarken Bereichen in ausgereiften Märkten, zwei starken CASH COWS. Diese beiden Bereiche werden wahrscheinlich sehr hohe Gewinne und Liquiditätsüberschüsse erwirtschaften, für die kaum Investitionsmöglichkeiten im eigenen Unternehmen bestehen.

Vier Versuche mit neuen Produkten wurden unternommen, bei denen nicht nur wachstumsschwache Märkte ausgesucht wurden, sondern wo der Mißerfolg auch durch niedrige relative Marktanteile, also durch eindeutiges Unterliegen im Wettbewerb deutlich hervorgehoben wird. Alle vier Versuche endeten in DOG-Positionen. Zwei weitere Versuche wurden auf Wachstumsmärkte, oberhalb der 10 % Wachstumslinie des Marktes ausgerichtet, aber wiederum unterlag das Unternehmen klar und eindeutig im Wettbewerb.

Diese beiden Versuche endeten in QUESTION MARK-Positionen. Lediglich ein Versuch war teilweise erfolgreich, die Wachstumsrate des Marktes ist allerdings nicht besonders hoch. Dieser Versuch brachte eine schwache STAR-Position hervor. Dieses eine Produkt wird die vorhandenen Mittel nur zum Teil benötigen. Das Unternehmen hat überschüssige Mittel, für die keine Investitionsmöglichkeiten bestehen.

Diesem Unternehmen bleibt wahrscheinlich nur der Ausweg einer Akquisition. Die interne Entwicklung neuer Projekte braucht zwei bis vier Jahre zur Marktreife, die Durchsetzung bis zu STAR-Positionen mindestens weitere drei bis fünf Jahre. Es ist absolut fraglich, ob die beiden CASH COWS noch weitere fünf bis acht Jahre in der Ausreifungs- und Stagnationsphase verbleiben und einen positiven Cash-flow leisten werden. Wahrscheinlicher ist ein vorzeitiges Absinken in DOG-Positionen mit nachfolgendem negativem Cash-flow, also Verlusten. Das jetzige Management sonnt sich mit Sicherheit im hellen Lichte guter Gewinne und hervorragender Liquidität. Es sieht aber nicht die drohenden Schatten der Zukunft, aus der nur noch die schnelle Akquisition von STAR-Projekten, die teuer bezahlt werden müssen, Rettung bringen kann. Diese Unternehmensleitung hat eindeutig versagt. Schlechtes Produktportfolio-Management hat die Überlebenschancen drastisch verringert, nicht durch mangelnde Liquidität, sondern durch zu hohe Liquidität, für die keine Anlagemöglichkeiten vorhanden sind. Diese Unternehmen sind immer wieder auch das Ziel von Übernahmeversuchen aggressiverer Mitbewerber.

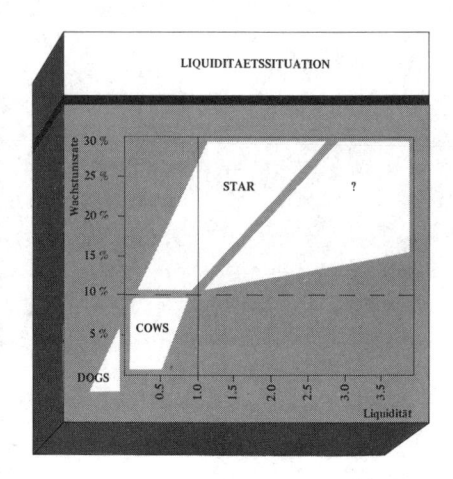

2.5. Die Liquiditätssituation

Meistens liegt die Ursache für den Untergang eines Unternehmens jedoch in mangelnder Liquidität. Sowohl in der Praxis wie in der Wissenschaft hat die Liquidität als Beurteilungsmaßstab unternehmerischen Erfolges zuwenig Beachtung gefunden. Alle Anzeichen deuten darauf hin, daß sich diese Tatsache im Gefolge der Ressourcenverknappung für die kommenden zehn bis zwanzig Jahre grundlegend ändern wird. Die deutschen Unternehmen werden ihre Konzentration auf die Stärkung des Anlagevermögens ebenso aufgeben müssen wie die angelsächsischen Unternehmen ihre Experimente mit den finanziellen Relationen. Für beide wird sich ein zunehmender Zwang bemerkbar machen, der Liquidität, der strategischen Unternehmensplanung mehr Aufmerksamkeit zu schenken. Die Verbindung zwischen Liquidität und strategischer Unternehmensplanung, zwischen Liquidität und dem Produktportfolio stellt das folgende Analyseinstrument her.

Die Ausführungen zur Marktpositionsbewertung haben einige Beziehungen zwischen Produktportfolio und Liquidität zum Vorschein gebracht. Die Wachstumsrate der Produkte oder Marktzentren ist von den vorherigen Analyseinstrumenten bekannt. Ihr wird die Liquiditätsschöpfung bzw. der Liquiditätsverbrauch gegenübergestellt. Produkte rechts von der 1.0-Linie verbrauchen mehr Liquidität als sie selbst schaffen, d. h. 2,0 oder 3,5 mal soviel. Durch Größe der Kreise kann wieder die Bedeutungsrelation zum Gesamtunternehmen und der Vergleich zu den anderen Produkten des Portfolios hergestellt werden. Produkte links von der 1.0-Linie, wo Liquiditätsschaffung und Liquiditätsverbrauch sich die Waage halten, erzielen einen Liquiditätsüberschuß.

Aufgabe des Produktportfolio-Managements, der strategischen Unternehmensplanung, ist die Zusammenstellung eines Portfolios, das im Zeitablauf kontinuierlich gerade soviel Liquidität hervorbringt, wie von den STAR- und QUESTION MARKS-Projekten verbraucht wird. Es muß also ein Kreislauf geschaffen werden, der kontinuierlich Mittel aus den COWS in die QUESTION MARKS fließen läßt, diese zu STARS aufbaut, die ihrerseits dann zu COWS werden. Daneben müssen COWS, die zu DOGS abzusinken drohen, rechtzeitig aus dem Markt herausgenommen werden. Wird dieser Kreislauf gestört, versickern Mittel nutzlos in DOGS, befinden sich zuviele QUESTION MARKS im Portfolio, ist der Investitionsbedarf der STARS zu groß für das Unternehmen, droht sofort Gefahr.

Unzureichende Liquidität bedroht unmittelbar die Existenz des Unternehmens. In den letzten zwanzig Jahren konnte diese Gefahr zwar durch Erhöhung des Verschuldungsgrades relativ leicht beseitigt werden. Dieser Ausweg wird schwieriger, er wird bald ganz versperrt sein. Zum einen haben viele Unternehmen den annehmbaren Verschuldungsgrad erreicht, teilweise überschritten. Das V e r h ä l t n i s von E i g e n k a p i t a l zu F r e m d k a p i t a l der deutschen Unternehmen beträgt im Durchschnitt 30:70, das der angelsächsischen Unternehmen gerade umgekehrt 70:30. Japanische Unternehmen sind noch höher verschuldet. Zum anderen wird Schuldenmachen teuer werden, allein schon durch die Kapitalvernichtung der jüngsten Krise, der enormen Kostensteigerungen der Rohstoffgewinnung und der unvernünftigen Kreditnachfrage der öffentlichen Hände. Dem Zwang, den oben dargelegten Kreislauf im Gleichgewicht zu halten, wobei der Kreislauf in Zukunft wesentlich dünner sein wird, kann sich kein Unternehmen entziehen. Die kommenden zehn bis zwanzig Jahre werden durch die Rückzahlung der Schulden geprägt sein, die den Boom der letzten zwanzig Jahre mit seinen überhöhten Ansprüchen aller Gruppen an das Sozialprodukt finanziert haben. Auch Volkswirtschaften unterliegen der Erkenntnis, daß Schuldenfinanzierung nur über begrenzte Perioden möglich ist. Die steigenden Ansprüche der dritten und vierten Welt werden diese Situation noch verschärfen. Im Wettbewerb dieser vielfältigen Ansprüche an die verfügbaren Ressourcen werden die privaten Unternehmen der freien Marktwirtschaften hoffnungslos unterliegen.

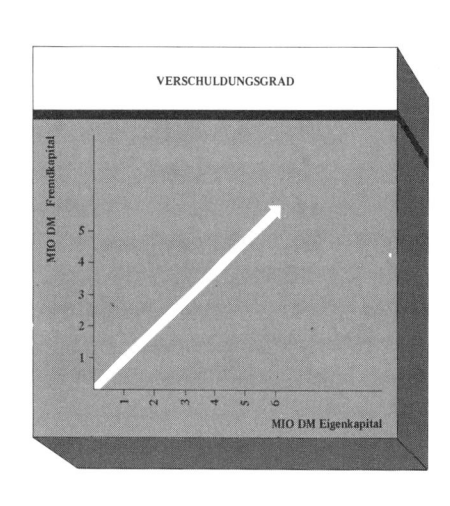

Anspruchsinflation

Ihnen bleibt nur der Ausweg, der schon immer die eindeutige Überlegenheit privatwirtschaftlicher Initiative vor staatlicher Planwirtschaft demonstriert hat: die bessere Verwertung der spärlich ihnen zufließenden Ressourcen. Ein entscheidendes Instrument in diesem Überlebenskampf der Unternehmen wird die strategische Unternehmensplanung, das Produktportfolio-Management sein.

2.6. Der Verschuldungsgrad

In diesem Zusammenhang erhält die Analyse des Verschuldungsgrades eine neue Ausrichtung. In den letzten zwanzig Jahren diente dieses Analyseinstrument der Beurteilung von Unternehmensleistungen.

Vor allem in den angelsächsischen Ländern mit der höheren Eigenkapitalausstattung wurde niedriger Verschuldungsgrad mit konservativem Management gleichgesetzt, hoher Verschuldungsgrad entsprach aggressivem Management.

Trends wie "asset stripping" oder "gearing", die sich zu der gewaltigen Woge von Unternehmenszusammenschlüssen und Unternehmensübernahmen auftürmten, auf deren Kamm die "conglomerates" ritten, bezeugten diese Überbereitschaft zur Verschuldung. Denn die unterschiedliche Bereitschaft zur Verschuldung, in der obigen Darstellung übersteigt unterhalb der 45°-Linie das Eigenkapital das Fremdkapital, konnte beachtliche Multiplikatorwirkungen (leverage) hinsichtlich des Investitionspotentials hervorrufen:

	Unternehmen A	Unternehmen B
Gewinn nach Steuern	DM 1,0 Mio	DM 1,0 Mio
Fremd-/Eigenkapital	0	2:1
Investitionspotential	DM 1,0 Mio	DM 3,0 Mio

Unterschiede in der Dividendenpolitik können diese Multiplikatorwirkungen noch erheblich verstärken. Die kommenden zehn bis zwanzig Jahre werden diese Trends gerade umkehren, mit ähnlich ausgeprägten Multiplikatorwirkungen, aber nicht in Richtung auf Expansion, sondern auf Kontraktion. Unternehmen werden gezwungen werden, ihren Verschuldungsgrad herunterzuführen. Wie schwierig diese Aufgabe den Unternehmensleitungen selbst unter relativ günstigen gesamtwirtschaftlichen Bedingungen fällt, zeigen die vielen Beispiele der Konglomerate. Sie waren hervorragend in der Schuldenfinanzierung , aber genauso schlecht im operativen Management. Ihr Beispiel läßt ahnen, welche Schwierigkeiten auf die Unternehmensleitungen zukommen.

Der Ausweg liegt im Produktportfolio-Management, in der besseren Nutzung der verfügbaren Ressourcen, in der strategischen Unternehmensplanung. Die Unternehmensleitungen müssen endlich begreifen, daß Marktpositionen der Expansionsphase die zukünftigen Möglichkeiten vorgezeichnet haben. Die Bandbreiten innerhalb derer die Ergebnisse beeinflußt, d. h. verbessert werden können, liegen fest. Und diese Bandbreiten sind sehr eng. Für den Rest des Lebenszyklus, für die Ausreifungsphase und die Stagnationsphase, läßt sich die Gesamtkapitalrentabilität bezogen auf die Gesamtinvestitionen während des Lebenszyklus eines Projektes maximal um fünf Prozent verändern.

Erfolg durch Innovation

Der alles entscheidende Ansatz für den unternehmerischen Erfolg liegt in der I n n o v a t i o n, der Auswahl von neuen Wachstumsmärkten, der richtigen Marktstrategie während der Einführungsphase und der

Expansionsphase. Hier fallen die Entscheidungen zwischen vollständigem Verlust des eingesetzten Kapitals oder Gesamtkapitalrentabilitäten von 50 % und mehr. Hier kann die Zukunft noch gestaltet werden. Hier liegt der Verlauf des Schicksals noch nicht fest. Hier liegt der entscheidende Beitrag von Produktportfolio-Management und strategischer Unternehmensplanung.

2.7. Die Bewertung des Datenrahmens nationaler Märkte

Im Zuge der geographischen Ausweitung der Märkte kann die strategische Unternehmensplanung nicht bei einer internen Unternehmensanalyse stehenbleiben, auch der äußere Datenrahmen muß, soweit das möglich ist, bewertet werden. Zunächst für jedes Marktzentrum einzeln, anschließend für das Gesamtunternehmen, werden auf der vertikalen Achse die Unternehmensfunktionen in ihrer jeweiligen Stärke in einem Wert zusammengefaßt und zu dem aus Einzelaspekten zusammengefaßten Wert der Attraktivität des Datenrahmens gegenübergestellt.

Diese Gegenüberstellung von Aggregationen aus Wettbewerbsposition, Qualität, Kosten, Preisen, Finanzkraft usw. einerseits zu politischer, wirtschaftlicher und sozialer Stabilität, dem zukünftigen Ausgabeverhalten des öffentlichen und privaten Sektors, der Größe der Industriebereiche, der Möglichkeiten von "economies of scale", der Fortentwicklungsbereitschaft der Gesellschaft andererseits sollte für jeden nationalen Markt, in dem sich das Unternehmen betätigt, gesondert vorgenommen werden. Der Datenrahmen des Heimatlandes läßt sich nur in Ausnahmefällen auf andere Länder übertragen. Aus diesen F e h l e i n s c h ä t z u n g e n sind in den vergangenen zwanzig Jahren riesige Ressourcen vergeudet worden. Erst mit der Erfüllung dieser Aufgabe ist der konzeptionelle Teil der strategischen Planung abgeschlossen. Die Unternehmensleitung weiß jetzt, wo ihr Unternehmen mit seinen Marktzentren und Produkten im Wettbewerb steht. Sie besitzt eine recht gute Vorstellung auch darüber, wohin das Unternehmen sich entwickeln wird. Sie kann also die beiden Fragestellungen: Was i s t unser Geschäft und was w i r d unser Geschäft sein beantworten. Sie ist sich sogar der Lücken im Produktportfolio bewußt. Sie kann Engpässe in der Liquiditätsentwicklung abschätzen. Mit anderen Worten: Die Unternehmensleitung kann nun den kreativen Teil der strategischen Unternehmensplanung vollenden, der mit der Beantwortung der Fragestellung abschließt: Was s o l l t e unser Geschäft sein, heute, in fünf Jahren, in zehn Jahren?

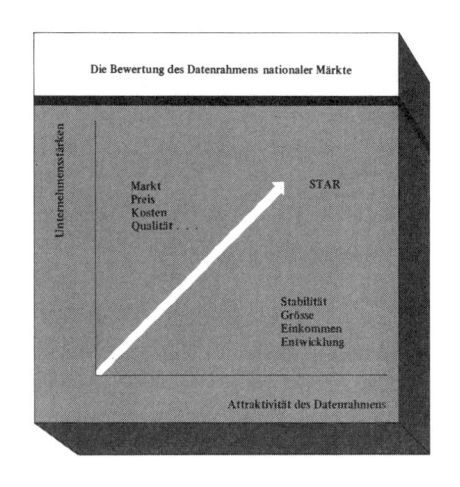

Vom konzeptionellen zum kreativen Teil der strategischen Planung

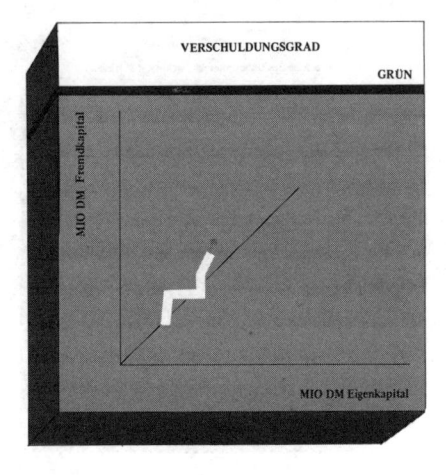

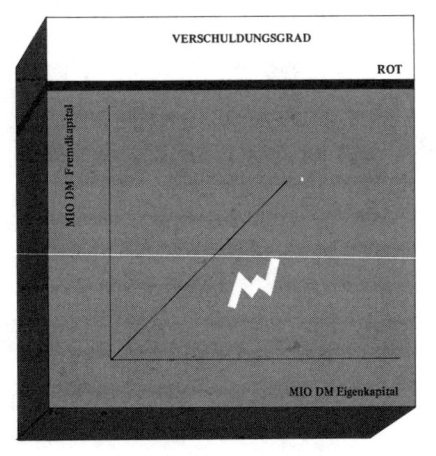

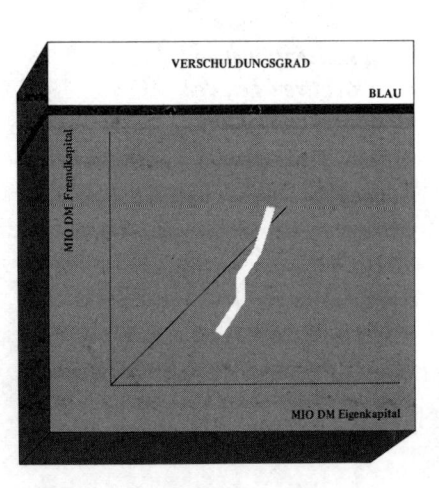

Die Beantwortung der Fragestellung der Zukunft beendet die Aufgabe der strategischen Unternehmensplanung. Es handelt sich ja um eine theoretische Aufgabenstellung. Die Aufgabe des Produktportfolio-Managements ist jedoch noch nicht abgeschlossen. Sie hat zwar ihre Verantwortung hinsichtlich der ersten beiden Fragestellungen operativ, d. h. in der täglichen Managementarbeit wahrnehmen können. Es gilt aber noch, durch die Entwicklung neuer Geschäfte die Lücken zu füllen. Hier beginnt der kreative Teil des Produktportfolio-Managements. Hier beginnt die Innovation; eine völlig neue, eine völlig andere unternehmerische Aufgabe.

3. Drei Unternehmensbeispiele strategischer Unternehmensplanung und Produktportfolio-Managements aus der Praxis

Um die Resultate von strategischer Unternehmensplanung und Produktportfolio-Management einmal vorzuführen und um das Verständnis für die bisher mehr theoretisch dargestellten Konzepte an Hand von praktischen Beispielen noch weiter zu vertiefen, soll im folgenden an drei Unternehmen aus dem oberen Drittel der Fortune 500 die extrem weitreichenden Konsequenzen von hervorragender (Unternehmen BLAU), schlechter (Unternehmen ROT) und völlig fehlender (Unternehmen GRÜN) strategischer Unternehmensplanung und fehlendem Produktportfolio-Management aufgezeigt werden.

3.1. Der Verschuldungsgrad

Der Verschuldungsgrad deutet auf die Bereitschaft zu unternehmerischem Risiko hin.

GRÜN verfolgt eine sehr schwankende Politik bei überdurchschnittlicher Verschuldungsbereitschaft.

ROT zeichnet sich als sehr konservatives Unternehmen aus, das die gegebenen Expansionsmöglichkeiten nur sehr unzureichend nützt.

BLAU scheint die aggressivste Expansionspolitik zu verfolgen. Dieses Unternehmen besitzt anscheinend eine sehr zielbewußte Unternehmenspolitik, ganz im Gegensatz zu GRÜN. Allerdings wird BLAU in absehbarer Zukunft sein Verschuldungsplateau erreichen. Mit Sicherheit wird BLAU den höchsten Investitionsmultiplikator besitzen, gefolgt von GRÜN und ROT.

3.2. Die Marktpositionsentwicklung

Die Marktpositionsentwicklung zeigt dem Management, in welchem Ausmaß seine Produkte oder Marktzentren sich im Markt durchsetzen oder behaupten können.

GRÜN hat fast nur Mißerfolge auszuweisen. Bei allen Aktivitäten hat es im Markt gegenüber den Mitbewerbern nicht nur am Boden verloren, sondern es betätigt sich überwiegend in Märkten mit niedrigeren Wachstumsraten. Die ausgewiesene Verschuldung scheint eher auf Erhaltung der Liquidität als durch Expansionspolitik bedingt.

ROT weist ein ausgeglicheneres Bild seiner unternehmerischen Aktivitäten aus, obwohl auch hier die Mißerfolge zu überwiegen scheinen. Wirklich erfolgreich ist es leider nur in zwei ausgereiften Märkten. Anlaß zu großer Besorgnis ist das schwere Übergewicht reifer Märkte im Portfolio. Vor allem in expansiven Märkten scheint das Unternehmen sich nicht behaupten zu können.

BLAU muß als ausgesprochen erfolgreiches Unternehmen angesehen werden. Mißerfolge sind echte Ausnahmen und führen auch sofort zur Herausnahme aus dem Markt, wie die sicherlich nicht zufällige Häufung von Aktivitäten auf der Null-Unternehmenswachstumslinie andeutet. Lediglich ein etwas ausgeglicheneres Bild der Aktivitäten bezogen auf das Wachstum der einzelnen Märkte wäre wünschenswert.

Die Verteilung der Marktpositionen bei BLAU ist sicherlich nicht zufällig entstanden, sondern das Ergebnis äußerst sorgfältiger strategischer Planung. Wie stark sind nun die einzelnen Marktpositionen und damit das jeweilige Unternehmen insgesamt?

3.3. Die Marktpositionsbewertung

Die Marktpositionsbewertung gibt einen gewichtigen Aufschluß über die relative Bedeutung der einzelnen Aktivitäten für das Gesamtunternehmen, ihre heutige Marktstärke, die Struktur des Portfolios und Entwicklungen in der Zukunft.

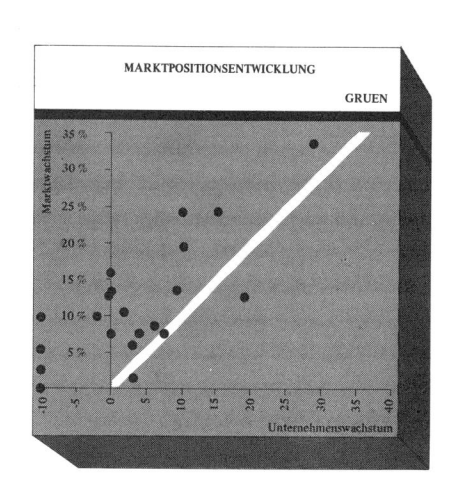

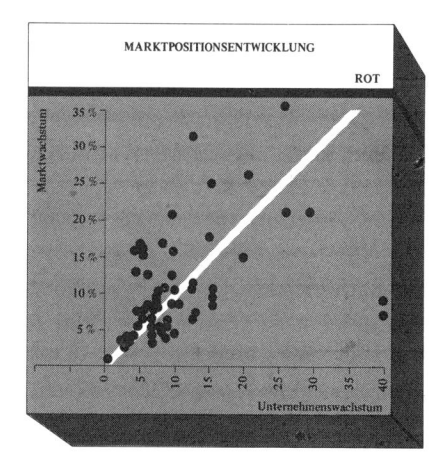

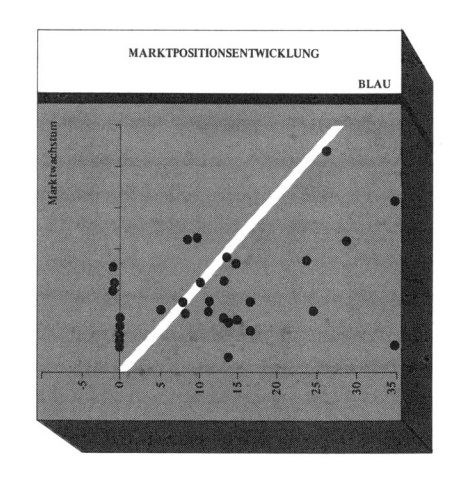

Das Portfolio von GRÜN wird von vier Gütern oder Geschäften beherrscht. Der erste Eindruck ist durchaus positiv. Allerdings liegen drei der wichtigsten Aktivitäten in ausgereiften Märkten. Das Unternehmen scheint sich aber in vielen kleinen Aktivitäten zu verzetteln, die alle wenig Erfolg versprechen, weder von der Umsatzbedeutung, noch von der erreichten Marktposition. Hoffung gibt die dominierende Marktposition in einem expandierenden Markt, vorausgesetzt es handelt sich hier nicht um eine "Sternschnuppe" statt eines "Kometen", sonst wären die Zukunftsaussichten sehr ungünstig.

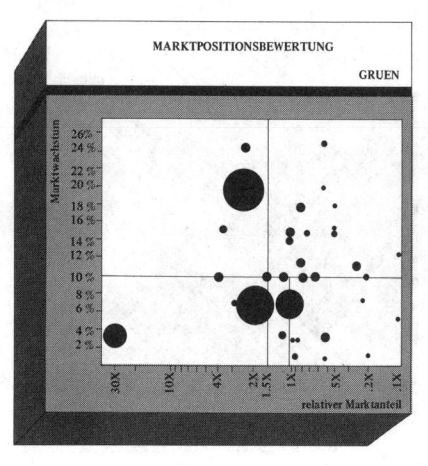

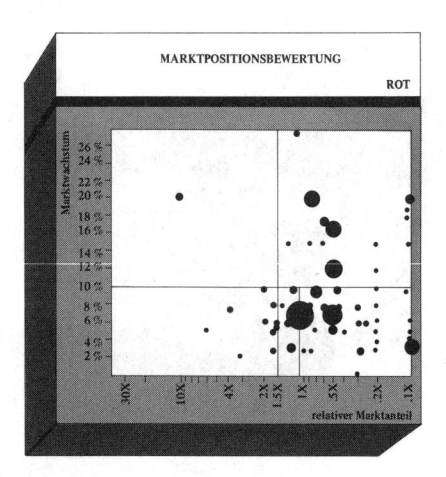

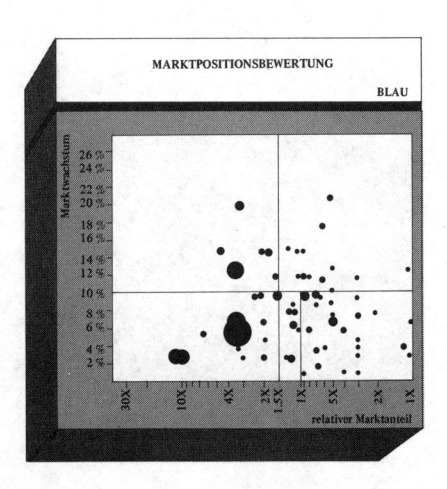

Die konservative unternehmerische Einstellung von ROT läßt sich nicht übersehen. Ansätze für echte Zukunftserfolge wären ausreichend vorhanden. Die mangelnde Risikobereitschaft, das konservative Finanzgebaren verhindert die Bereitstellung ausreichender Mittel, um Marktdominanz in der Expansionsphase aufzubauen und in die Reifephase hinein zu verteidigen. Auch hier zeigt sich eine Verzettelung in zu vielen marginalen Aktivitäten. Das Ausbleiben echter Erfolge muß jedoch der Finanzierungspolitik angelastet werden.

Die beste Verteilung der Marktpositionen besitzt BLAU. Marginale Aktivitäten werden rechtzeitig gestoppt, wobei ein deutlicher Trend von rechts nach links oben erkennbar ist, also von QUESTION MARKS in STARS zu COWS. In etwa drei bis vier Jahren wird dieses Unternehmen ein beinahe ideales Portfolio mit einem höheren Anteil von relativ bedeutenden Aktivitäten in Märkten höheren Wachstums aufweisen.

Wie setzen sich nun die Marktpositionen in die alles entscheidende Liquidität, den "cash flow" um?

3.4. Die Liquiditätssituation

Das Überleben eines Unternehmens, der wichtigste unternehmerische Erfolgsmaßstab, setzt eine kontinuierlich gesicherte Liquidität voraus.

Die absolut unausgewogene "cash flow" Situation von GRÜN stellt keine Überraschung mehr dar.

Der Anstieg der Verschuldung dient der Gegenwart, nicht der Zukunft. Der Bestand des Unternehmens ist äußerst gefährdet.

Die Liquiditätssituation von ROT ist ebenfalls recht unausgewogen, wenn auch keineswegs so kritisch wie im vorigen Beispiel.

BLAU demonstriert gutes Portfolio-Management. Das Ansteigen von den COWS links unten zu den STARS ist auch in der Ausgewogenheit der

Größenverhältnisse fast ideal. Lediglich der Raum zwischen STARS und QUESTION MARKS könnte etwas mehr mit Aktivitäten ausgefüllt sein. Dieses Unternehmen wird auch in 5 bis 10 Jahren nicht um seinen Bestand bangen müssen. Es wird die Mittel für die Marktpositionen seiner STARS ebenso bereitstellen können wie genügend Risikokapital für die QUESTION MARKS, denn es sind ausreichend STARS vorhanden, die in Zukunft überaus wichtige Funktionen als COWS übernehmen werden. Dieses Ergebnis von BLAU, einem der besten Unternehmen der Welt, ist das Resultat von äußerst sorgfältigem Portfolio-Management im Rahmen seiner strategischen Planung.

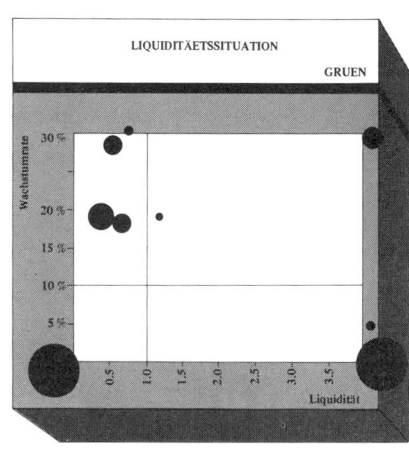

3.5. Erfahrungskurve und Produktportfolio-Management als Eckpfeiler der strategischen Unternehmensplanung

Die Notwendigkeit, der strategischen Unternehmensplanung größere Aufmerksamkeit zu widmen, wird dem Management aufgezwungen durch die grundlegenden Änderungen im Datenrahmen und die sich schon heute abzeichnende Kapitalverknappung in den nächsten fünf bis zehn Jahren. Strategische Unternehmensplanung muß letztlich in eine Beantwortung der folgenden beiden Fragestellungen ausmünden:

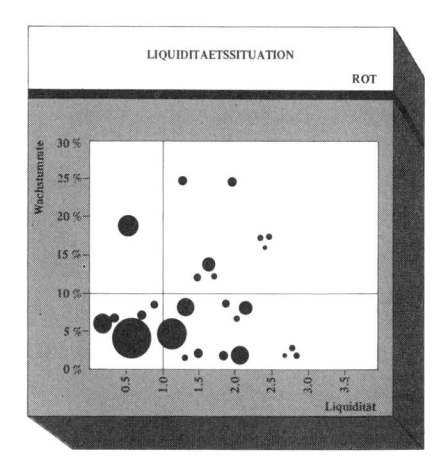

Was muß heute in Angriff genommen werden, um bestimmte Positionen in der Zukunft einnehmen zu können? Was wird nicht erreicht, wenn nicht heute entsprechende Ressourcen bereitgestellt werden?

Unternehmerischer Erfolg kann nur im Wettbewerb mit anderen Unternehmen über die Kaufentscheidungen der Abnehmer erzielt werden. Unter den verschiedenen Erfolgsfaktoren im Wettbewerb steht die Marktposition eindeutig im Vordergrund. Die Erkenntnisse des Konzeptes der Erfahrungskurve werden es dem Management zukünftig ermöglichen, die Sequenz und das Timing der Ressourcen so zu entscheiden, daß nur in starke Marktpositionen und rechtzeitig in Übereinstimmung mit der jeweiligen Phase des Lebenszyklus investiert wird.

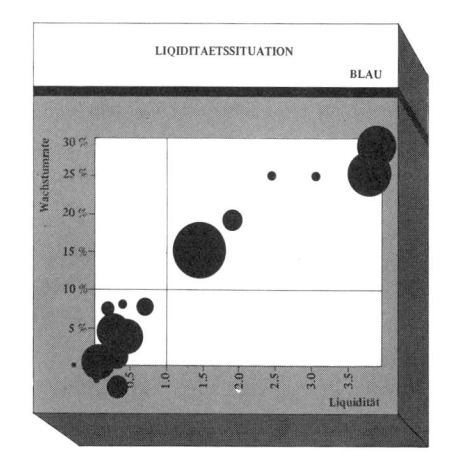

Der Wettbewerb der Unternehmen erfolgt über Produkte. Es ist daher erforderlich, die einzelnen Marktpositionen als Funktion der jeweiligen Phase des Lebenszyklus zu klassifizieren und zu bewerten. Entscheidender Bewertungsmaßstab ist die Kontinuität der Liquidität. Einen kontinuierlichen Liquiditätsfluß bei zunehmender Durchsetzung im

Wettbewerb verbunden mit anhaltendem Wachstum des Unternehmens ermöglicht das Produktportfolio-Management als Grundlage strategischer Unternehmensplanung, wenn die aufgezeigten Lücken durch entsprechende Innovationen gefüllt werden.

Viertes Kapitel

Innovation, die Realisierung der strategischen Unternehmensplanung

1. Erfolg durch Innovation

Die Thematik der Innovation gehört nicht zur eigentlichen Aufgabenstellung der vorliegenden Arbeit, die auf die Notwendigkeit der strategischen Unternehmensplanung als dem wichtigsten aber auch schwierigsten Teil der Gesamtplanung aufmerksam macht und zwei neue Instrumente, das Konzept der Erfahrungskurve und das Produktportfolio-Management, bekannt machen möchte, die von den erfolgreichsten Unternehmen der Fortune 500 in der Praxis mit großem Erfolg eingesetzt werden. Die Zielsetzung der strategischen Unternehmensplanung erschöpft sich im Aufzeigen der Lücken im Produktportfolio und im Liquiditätsfluß für eine zukünftige Periode von fünf bis zehn Jahren und im Aufzeigen der Richtung, in die sich das Unternehmen mit seinen Marktzentren entwickeln sollte. Die Schließung dieser aufgezeigten Lücken, vor allem aber der Brückenschlag von der heutigen Situation zu der gewünschten Position in der Zukunft, die Umsetzung der in der strategischen Unternehmensplanung entwickelten Ideen in Marktaktivitäten kann nur zum Teil durch Weiterentwicklung bestehender Programme erreicht werden. Akquisitionen bieten ebenfalls nur Teillösungen, wie die jüngste Erfahrung aus der Übernahmewelle zeigt. Überleben im Wettbewerb, die echte Realisierung der strategischen Unternehmensplanung, setzt Innovationen voraus. Den vielen Veröffentlichungen über die Technik von Innovationen soll hier keine weitere hinzugefügt werden. In Ausrichtung auf die Themenstellung dieser Arbeit soll auf das Management von bzw. auf die O r g a n i s a t i o n   f ü r   I n n o v a t i o n e n eingegangen werden, eine Themenstellung, die vor allem von Peter Drucker in vielen seiner Veröffentlichungen in hervorragender Weise bearbeitet worden ist.

Eine Reihe von Anzeichen deuten an, daß vor etwa fünfzehn Jahren mit der Einführung des Computers nach beinahe vier Jahrzehnten fehlender wirtschaftlicher, geographischer und sozialer Innovationen, eine neue Periode verstärkter wirtschaftlicher Innovationen begonnen hat. Die Zeit zwischen 1920 und 1960 war bei aller politischen Umwälzung eine Phase wirtschaftlicher und sozialer Stagnation. Die tech-

Computerzeitalter

nologischen Grundlagen für die Elektrizität, das Auto, die Kunststoffe, das Flugzeug, das Telefon, die synthetischen Farben, das Radio wurden vor 1920 gelegt. Keine neue Region ist in dieser Zeit zu den Industrieregionen von USA, Europa, Sowjetunion und Japan hinzugestoßen. Die Fundamente der allgemeinen Wohlfahrt der kommunalen Selbstverwaltung, der Universitäten, der Krankenhäuser wurden ebenfalls vor 1920 gelegt.

Es hat den Anschein als hätten Brasilien, China, Formosa, Korea und vielleicht Venezuela den "take-off"-Punkt erreicht. Einige Ölstaaten werden sicherlich bald Israel folgen. Die Notwendigkeit sozialer und politischer Innovationen wächst zusehends. Die Probleme der Großstädte, der Umweltverschmutzung, der Entwicklungsländer, des Terrorismus sozialer Minderheiten, der Ineffizienz des parlamentarischen Systems müssen gelöst werden, bevor sie zu sozialen und politischen Explosionen führen. Die wenigen Beispiele wirtschaftlicher Innovationen wie IBM, Hewlett-Packard, Nixdorf, 3M oder Texas Instruments reichen nicht aus, um das Niveau der über Kredite finanzierten Wachstumsrate der letzten zwanzig Jahre zu halten und um dem Wachstum eine reale Basis zu geben. Eine neue Welle wirtschaftlicher Innovationen wie vor dem ersten Weltkrieg ist ebenso eine Voraussetzung für das Überleben der Unternehmen und damit der freien Marktwirtschaft, wie die bessere Verwertung der vorhandenen Ressourcen durch strategische Unternehmensplanung.

Wachstum durch Innovation

Die wirtschaftlichen Innovationen müssen aus den Unternehmen selbst kommen, sie können nicht in der Verbesserung der Management-Techniken oder der Organisation liegen, sondern sie müssen aus einer grundlegenden Steigerung der Relation von Forschungs- und Entwicklungsaufwand zu erfolgreichen Markteinführungen neuer Produkte resultieren. Die heute grob geschätzte Relation ist für die Zukunft zu kostspielig: Auf 1,-- DM zur Kreierung einer Idee entfallen 10,-- DM für Forschung, also Umsetzung der Idee in eine Erfindung, 100,-- DM für Entwicklung, also Umsetzung der Erfindung in ein marktreifes Produkt, und schließlich 1000,-- DM bis 10 000,-- DM für eine erfolgreiche Markteinführung.

Erst wenn eine Idee, eine Erfindung, ein Prototyp, sich erfolgreich im Markt durchgesetzt hat, von einer hinreichend großen Zahl Nachfrager gekauft wird, kann von einer Innovation gesprochen werden. Innovation ist kein technischer, sondern ein wirtschaftlicher und sozialer Begriff.

Innovation beinhaltet eher neuen Wohlstand als neues Wissen. Innovation bedeutet nicht Wissenschaft oder Technologie, sondern soziale Werte. Innovation ist nicht gleichzusetzen mit Veränderungen innerhalb, sondern mit Wandel außerhalb des Unternehmens. Der direkteste Weg zu neuer Wissenschaft, neuen Erkenntnissen, neuen Technologien, mehr systematischer und zweckgerichteter Erarbeitung von grundlegenden neuen Entdeckungen beginnt bei den Wünschen und Bedürfnissen der Konsumenten, der Abnehmer. Nur so läßt sich das erstaunliche und tröstliche Phänomen erklären, daß die wichtigsten Innovationen der Nachkriegszeit in kleinen Unternehmen erfolgten. Die heutigen Giganten IBM, Hewlett-Packard oder 3M waren kleine, an Ressourcen hoffnungslos unterlegene Mitbewerber, als sie sich mit ihren ersten Innovationen durchzusetzen begannen.

Erstaunlich ist ihr Erfolg angesichts der obigen Erfahrungsregel hinsichtlich der Ressourcenerfordernisse für Innovationen. Tröstlich ist ihr Erfolg deshalb, weil nicht zu befürchten ist, daß die kapitalkräftigen Großunternehmen Innovationen einfach kaufen können und somit in wenigen Jahrzehnten 100 multinationale Giganten die Wirtschaft der freien Welt beherrschen werden.

Innovation ist also keine Funktion von Unternehmensgröße, Ressourcen, Erfahrung, Branche oder gar von Kultur und Tradition, sondern eine Funktion des Managements. Es ist nur zu hoffen, daß eine Periode von sozialen und wirtschaftlichen Erneuerungen bevorsteht und daß als Wertmaßstab für die Kompetenz eines Managements seine Fähigkeit und Bereitschaft zu Innovationen gelten wird, ebenso seine Erfolge an Innovationen und sein Vermögen, Innovationen zu institutionalisieren. Am Anfang eines Unternehmens mag der geniale Erfinder stehen, dem es gelingt, seine Ideen in Markterfolge umzusetzen. Das Überleben eines Unternehmens verlangt mehr. Die Institutionalisierung von Innovationen durch ein Management-Team verlangt die Schaffung einer innovativen Geisteshaltung und einer Gewohnheit zu Erneuerungen bei allen Mitarbeitern des Unternehmens. Innovative Unternehmen unterscheiden sich in ihren Strukturen, ihren Charakteristiken, ihren Märkten, ihrer Organisation, ihren Management-Philosophien, sie weisen aber folgende G e m e i n s a m k e i t e n auf:

1. Innovative Unternehmen wissen, was "Innovation" bedeutet.
2. Sie begreifen die Dynamik von Innovationen.
3. Sie haben eine Innovationsstrategie.

4. Sie wissen, daß Innovationen spezifische, andere Zielsetzungen und Beurteilungskriterien erfordern.
5. Sie verstehen, daß die Unternehmensleitung eine andere Rolle spielt, andere Einstellungen besitzt.
6. Sie erkennen, daß andere Strukturen und Organisationsformen erforderlich sind.

Innovative Unternehmen begreifen die Dynamik von Innovationen. Sie wissen, daß die Mehrzahl von Innovationen einer Wahrscheinlichkeitsverteilung folgt. Sie vermögen die Bereiche aufzuspüren, in denen Innovationen, die sich durchsetzen, hohe Entlohnung versprechen. Ein Anhaltspunkt hoher Innovationswahrscheinlichkeit ist die wirtschaftliche Schwäche eines Prozesses, einer Technologie oder einer Branche. Wenn wachsende Nachfrage nicht in entsprechende Gewinne umgemünzt werden kann, ist die Wahrscheinlichkeit innovativer Verbesserungen in Produktionsprozessen, Distributionsprozessen oder Produkten sehr hoch.

Einen weiteren Anhaltspunkt bieten starke Unterschiede in den wirtschaftlichen Aktivitäten zwischen vor- und nachgelagerten Märkten. Hohe Wahrscheinlichkeit wirtschaftlicher Innovationen beinhalten auch politische, soziale, demographische, institutionelle Entwicklungen, die noch keinen entsprechenden Niederschlag in wirtschaftlichen Aktivitäten gefunden haben.

Daneben gibt es die unerwarteten Erneuerungen, die die Welt verändern, statt Veränderungen wirtschaftlich zu nutzen. Innovationen, die ein Entrepreneur gestaltet, liegen außerhalb der Wahrscheinlichkeitsverteilung. Diese Innovationen enthalten ein höheres Risiko. Die Unternehmensleitungen müssen zwar danach Ausschau halten, sie lassen sich aber nicht managen. Ihre Seltenheit gestattet es, sie als Ausnahmen zu behandeln.

Die Unternehmensleitungen, die sich auf die Wahrscheinlichkeitsinnovationen konzentrieren und eine Innovationsstrategie erstellt haben, werden Innovationen realisieren und dabei auch ein Gefühl für die Ausnahmeinnovationen entwickeln, sie frühzeitig entdecken und sie voll ausbeuten. Das Management von Innovationen setzt keine speziellen Kenntnisse in Technologie oder in den Wirtschaftswissenschaften voraus. Diese Unternehmensleitung erkennt die wirtschaftlichen Schwächen und die gebotenen Marktchancen. Sie studiert die Dynamik, den Verlauf, die Vorhersagemöglichkeiten.

2. Innovationsstrategien

Innovative Unternehmen haben eine Innovationsstrategie. Wie die strategische Unternehmensplanung beginnt auch die Innovationsstrategie mit der Fragestellung: Was ist und sollte unser Geschäft sein? Die Annahmen für die Zukunft unterscheiden sich von denen für das bestehende Geschäft. Für dieses Geschäft wird eine Kontinuität der Produkte und Dienstleistungen, der Märkte und Vertriebswege, der Technologien und Produktionsprozesse angenommen. Die wichtigste Zielsetzung der Strategie des bestehenden Geschäfts ist die Optimierung des Vorhandenen. Die Innovationsstrategie basiert auf der Endlichkeit des Lebenszyklus der Produkte und Technologien.

Das Motto für das bestehende Geschäft ist: Mehr und Besser. Die Devise für die Innovationsstrategie dagegen ist: Neu und Anders.

Die Grundlage jeder Innovationsstrategie ist das geplante und systematische Aufgeben von Vergangenem, das Abstoßen des Überholten, des Absterbenden. Nur so können Ressourcen, vor allem qualifizierte Manager, für neue Projekte freigesetzt werden. Innovative Unternehmen verschwenden weder Zeit noch Ressourcen an der Verteidigung der Vergangenheit. Jede Innovation erscheint unbedeutend, verglichen mit dem Umsatz und den vielfältigen Problemen des bestehenden Geschäftes. Umso wichtiger ist daher die Aufgabe der Vergangenheit zur Schaffung der Zukunft. Die Innovationsstrategie sollte ihre Zielsetzungen sehr hoch ansetzen. Während die E r f o l g s r a t e von Projekten zu Verbesserungen des Bestehenden mindestens 50 % betragen sollte, liegt die Erfolgsquote von Innovationen im günstigsten Falle bei 20 %, in der Regel eher bei 10 %. Neun von zehn zunächst brillanten Ideen erweisen sich als Unfug. Neun von zehn Entwicklungsprojekten erreichen nicht die Marktreife. Neun von zehn Testmärkten sind Fehlschläge. Neun von zehn Einführungen bleibt der Erfolg versagt. Die Mißerfolgsquote ist und sollte hoch sein. Die Zielsetzung der Innovationsstrategie ist die Schaffung eines neuen Geschäftes, weniger ein neues Produkt für einen etablierten Markt. Sie zielt auf die Schaffung neuer Ergebnisse, weniger auf deren Verbesserung. Sie zielt auf die Schaffung neuer Wertsysteme, weniger auf deren Verbesserung. Der eine Erfolg muß die neun Mißerfolge nicht nur wettmachen, er muß sie vergessen lassen können. Wichtiger Bestandteil jeder Innovationsstrategie ist Zähigkeit und Ausdauer. In-

Timing

novationen entwickeln sich nicht gradlinig. Die ersten Jahre bringen meistens nur Aufwand, keinerlei Ertrag. Die ersten Erfolge finden kaum Abnehmer. Die ersten Märkte sind meistens Randsegmente. Die ersten Anwendungen stellen sich später als marginale Märkte heraus. Noch schwieriger als die Vorhersage des Erfolges für eine Innovation ist die Abschätzung der Länge der Durchsetzungsperiode. Für Innovationen ist Timing zwar entscheidend, aber nicht bestimmbar.

Wenn die Kontinuität der Liquidität gesichert sein soll, dann muß eine Kontinuität von Innovationen eine Ausgewogenheit zwischen den Gewinnen aus etablierten Marktzentren und den Investitionen in Innovationsprojekte ermöglichen.

Diese kontinuierliche Entwicklung der ausgewiesenen Gewinne und damit auch des Cash-flow kann nur durch ein optimales Zusammenwirken von strategischer Unternehmensplanung auf der Basis der Erkenntnisse des Konzeptes der Erfahrungskurve und des Produktportfolio-Managements einerseits und der Institutionalisierungen von Innovationen andererseits sichergestellt werden. Dabei muß die Zeitverschiebung zwischen Gewinnerzielung und Cash-flow, bedingt durch Kapitalisierung und Abschreibung der Investitionen, berücksichtigt werden.

Innovative Unternehmen wissen, daß Innovationen spezifische, andere Beurteilungskriterien und Budgetverwendungen sowie Budgetkontrollen erfordern. Die Anwendung der Erfolgsmaßstäbe, Beurteilungskriterien und Buchhaltungskonventionen der bestehenden Geschäfte würde zu Fehlentwicklungen führen, würde alle Innovationsbemühungen schwer beeinträchtigen. Fast alle Unternehmen "administrieren" ihre ausgewiesenen Gewinne, d. h. der Gewinn ergibt sich als erste Zahl aus dem Planungs- und Budgetierungsprozeß, was nicht mit Gewinnmanipulation verwechselt werden darf. Ein Überschreiten des Gewinnes erscheint dabei fast ebenso ungünstig wie ein Nichterreichen der Gewinnerzielung, da es die Gewinnerwartungen für die Zukunft hebt und damit die Aufgabe des Managements erschwert sowie das Risiko eines zukünftigen Mißerfolges erhöht. Zeichnet sich ein Überschreiten der Gewinnzielsetzung ab, werden die meisten Unternehmensleitungen die Ausgaben für die Verbesserung des bestehenden Portfolios und für Innovationen erhöhen. Zumindest der Anteil für Innovationen, für die Zukunftssicherung des Unternehmens sollte gesondert ausgewiesen werden und nicht entsprechend den konventionellen Buchhaltungspraktiken in der G+V-Rechnung untergehen.

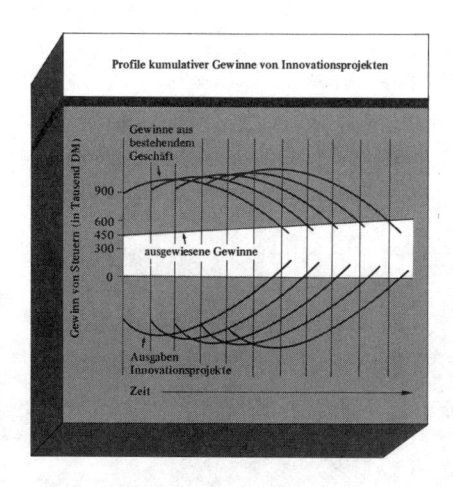

Gesonderter Ausweis der Innovationsausgaben

Konventionelle G+V-Rechnung		Neue G+V-Rechnung	
		bestehendes Geschäft	Innovationsausgaben
Umsatz (in Mio DM)	3000	3000	
− Herstellungskosten	1875	1800	
Löhne und Material	1200	1200	
Fertigungsgemeinkosten	525	450	75
Abschreibungen	150	150	
Herstellungsgewinn	1125	1200	
− andere Kosten	675		
Forschung + Entwicklung	150		150
Marketing	300	150	150
Allgemeine Administration	225	150	75
Gewinn vor Steuern	450	450	
Gewinn nach Steuern	225		
Dividenden	75		
Investitionen (incl. Abschreibungen)	225		
Erhöhung wirtschaftliches Kapital	75		

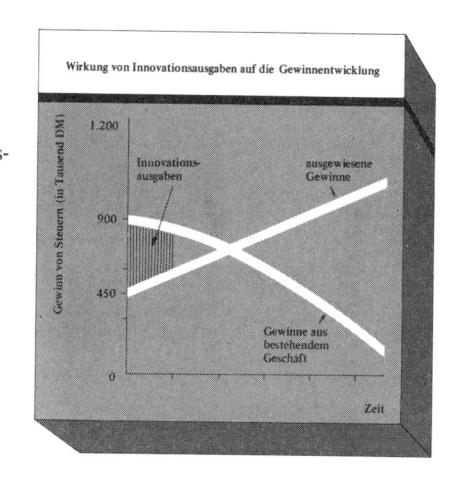

Die konventionelle G+V-Rechnung sagt aus, daß 5 % vom Umsatz für Forschung und Entwicklung ausgegeben werden, daß ein technologischer Vorsprung besteht und daher nur 10 % vom Umsatz für Marketing aufgewendet werden muß. Die Umsatzrendite von 7,5 % sichert eine annehmbare Gesamtkapitalrentabilität. Die einbehaltenen Gewinne ermöglichen Investitionen, die 50 % über den Abschreibungen liegen und decken den zusätzlichen Bedarf an wirtschaftlichem Kapital, resultierend aus Wachstum. Insgesamt eine stabile, stetige Wachstumssituation.

Die neue G+V-Rechnung läßt die wesentlich höhere Dynamik des Managements erkennen. Das Management kreiert kontinuierliches Wachstum durch Innovationen. Die linke Seite der neuen G+V-Rechnung zeichnet ein echtes Bild des bestehenden Geschäftes. Alle Ausgaben, die im laufenden Jahr nicht durch höheren Umsatz oder niedrigere Kosten wieder hereingeholt werden, werden gesondert rechts ausgewiesen. Sie stellen echte Innovationsausgaben dar, Aufwendungen für die Zukunftssicherung des Unternehmens. Bei den Ausgaben für Forschung und Entwicklung ist es offensichtlich, obwohl diese Investitionen in die Zukunft in den meisten Unternehmen zu Lasten des Gewinns des laufenden Jahres gebucht werden. Bei den Marketingausgaben ist diese Einsicht kaum noch gegeben, obwohl Testmärkte

Innovationskosten

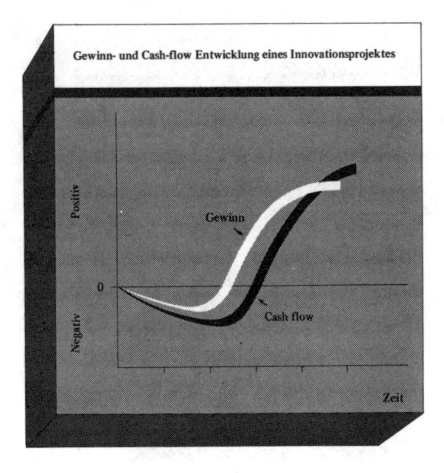

Gewinn- und Cash-flow Entwicklung eines Innovationsprojektes

und Einführungen erhebliche Investitionsausgaben verursachen, die erst mehrere Jahre später zum Teil wieder erwirtschaftet werden können. Innovationsausgaben sind auch in den Fertigungsgemeinkosten, ebenso die Kosten für Pilot-Produktionsläufe und die Aufwendungen für Kostensenkungen der im Markt befindlichen Produkte. Die Ausgaben für Mitarbeiter, die sich nicht dem täglichen Geschäft, sondern der Zukunft widmen, Venture-Teams, Marktforscher sind in den Ausgaben für Allgemeine Administration enthalten. Die obigen Zahlen sind weniger bedeutsam als die Schlußfolgerungen, daß die in konventionellen G+V-Rechnungen ausgewiesenen Forschungs- und Entwicklungsausgaben nur einem Teil der tatsächlichen Innovationsausgaben entsprechen und daß Kapitalinvestitionen, die gerechterweise die volle Aufmerksamkeit des Managements erhalten, oft ebenfalls nur einen Teil der Innovationsausgaben ausmachen, obwohl beide Investitionen darstellen. Für Kapitalinvestitionen und meistens auch für Forschungs- und Entwicklungsausgaben bestehen ausgefeilte Prozeduren. Innovationsausgaben gehen dagegen in den Operationsbudgets unter. Für diese unterschiedliche Behandlung sind Buchhaltungskonventionen verantwortlich, denen Anlagegüter faßbarer sind, die Kapitalinvestitionen als fest verankert ansehen und sich auf die meist einmalig große Ausgabenentscheidung konzentrieren. Innovationsausgaben sind fast immer wesentlich höher, sie verteilen sich aber auf längere Zeiträume und mehrere Entscheidungen entsprechend den verschiedenen Entwicklungsstadien. Sie sind auch weniger faßbar, vor allem aber sind sie völlig verschwunden, wenn die Innovation ein Mißerfolg wird. Die Darstellung zeigt aber, daß es an der Zeit ist, Innovationsausgaben gesondert zu erfassen und als echte Investitionen anzuerkennen.

Sie zeigt die Gewinnprojektion, wenn plötzlich alle Innovationsausgaben gestoppt würden. Die Gewinne würden als Funktion des Lebenszyklus des Produktportfolios langsam absinken. Glücklicherweise kann das Unternehmen seine Wachstumszielsetzung mit weniger Mitteln aus Gewinnen und Abschreibungen erreichen, als durch das bestehende Geschäft produziert werden. Diese überschüssigen Mittel stehen zur Stärkung des bestehenden Geschäftes und für Ausgaben in Innovationen, für Investitionen in die Zukunftssicherung bereit. Sind diese Investitionen in Innovationen erfolgreich, kann das Unternehmen und sein Gewinn kontinuierlich wachsen. Innovationsausgaben können nicht nach den traditionellen Beurteilungskriterien gemessen werden. Nichts kann Innovationen abträglicher sein, als die Zielsetzung einer fünfprozentigen jährlichen Gewinnsteigerung. Innovationen erzielen in den ersten drei bis fünf Jahren, manchmal wesentlich länger, keine Gewinnsteigerungen, häufig überhaupt keine Gewinne. Danach sollte die Zuwachsrate eher bei 40 % als bei 5 % liegen. Die Bewertung von Innovationen nach der Gesamtkapitalrentabilität gemeinsam mit den bestehenden Produkten und Marktzentren führt lediglich dazu, daß das Management vor Innovationen zurückscheut, da diese zwangsläufig das Gesamtergebnis drücken. Erst wenn eine Innovation zwei bis drei Jahre in kommerziellen Mengen verkauft worden ist, sollten Bewertungsmaßstäbe wie ROI und Cash-flow Anwendung finden, dann aber handelt es sich bereits nicht mehr um eine Innovation. Innovationen dagegen sollten auf jeder Entscheidungsstufe mit den folgenden beiden F r a g e s t e l l u n g e n konfrontiert werden:

1. Welche Erwartungen bestehen hinsichtlich des Endergebnisses, wie hoch liegen Risiko und die Wahrscheinlichkeit eines Mißerfolges?
2. Ist die Fortführung dieser speziellen Innovation gerechtfertigt oder nicht?

Budgets für das bestehende Geschäft und für Innovationen sollten nicht nur getrennt gehalten, sondern auch unterschiedlich gehandhabt werden. Für das bestehende Geschäft sind immer folgende Fragen zu stellen:

1. Ist dieser Einsatz notwendig oder kann er unterbleiben?
2. Falls notwendig, welches Minimum an Ressourcen ist erforderlich?

Für Innovationen dagegen sind folgende Fragestellungen äußerst wichtig:

1. Stellt diese Innovation die richtige Marktchance dar?
2. Wenn ja, welches Maximum an qualifizierten Mitarbeitern und anderen entscheidenden Ressourcen kann im gegenwärtigen Entwicklungsstadium wirksam eingesetzt werden?

Die Innovationsstrategie setzt ein hohes Maß an Management-Disziplin voraus. Es muß ohne die Hilfsmittel konventioneller Budgets und Bewertungskriterien auskommen, die schnell zuverlässige Informationen über laufende Ergebnisse in Relation zu den eingesetzten Ressourcen vermitteln. Die Gefahr, knappe Mittel an erfolglosen Innovationen zu vergeuden, ist sehr hoch. Die Erwartungen für eine Innovation, auch

Innovationsstrategie

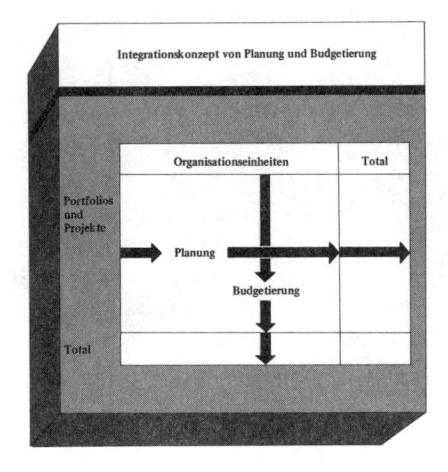

wenn sie durch eine Vielzahl von Ereignissen während der Gesamtentwicklung stark beeinflußt werden, sollten vorher festgelegt werden. Auch Innovationen müssen Zwischenergebnisse und spezifische Fortschritte bei allen Entwicklungsstufen liefern.

Für das Management von Innovationsbudgets gibt es einige Hilfsmittel. Zunächst sind die erforderlichen Ressourcen zu bestimmen, im wesentlichen d. Gehälter der an Innovationsprojekten beteiligten Mitarbeiter. Diese Wissenschaftler, Marktforscher, Designer, Planer, Ingenieure, Produktentwicklungsspezialisten, Mitglieder von Venture-Teams arbeiten nicht alle ausschließlich an der Zukunft. Sie haben normalerweise die besseren Qualifikationen als das Management für das bestehende Geschäft. Sie sind daher schwieriger zu leiten, da Direktiven und enge Kontrolle schwer mit Kreativität, Vorstellungskraft und Einsatzwillen, den notwendigen Eigenschaften innovativer Mitarbeiter, zu vereinbaren sind. Die Bestimmung der erforderlichen Ressourcen wirft also eine Reihe schwieriger Probleme auf.

Anschließend sind die verschiedenen Innovations a k t i v i t ä t e n zu bestimmen. In vielen Unternehmen wird an mehreren Innovationsprojekten gleichzeitig gearbeitet, die sich in sehr unterschiedlichen Entwicklungsstadien befinden können. Ferner variiert der Umfang der einzelnen Innovationsprojekte, so daß bei kleineren nur eine Abteilung befaßt ist, während an größeren Projekten eine Vielzahl von Abteilungen betätigt ist. Um hier eine gewisse Ordnung und Übersicht zu schaffen, empfiehlt sich zunächst die Aufteilung in Verbesserungsprojekte und Innovationsprojekte. Die Arbeiten an Innovationsprojekten sollten danach in Forschung, Produktentwicklung und Markteinführung unterteilt werden. Die Arbeiten an Verbesserungsprojekten sollten in Produktänderungen, Marktausweitungen und Produktionsprozessen aufgegliedert werden.

In Analogie zum Produktportfolio werden im dritten Schritt die verfügbaren Ressourcen auf die Verbesserungs- und Innovationsprojekte verteilt. Das Risikospektrum reicht von sicheren Kostensenkungsinvestitionen zu Innovationen mit extrem unsicheren, aber entsprechend hohen Erwartungen. Die niedrige Flexibilität der Ressourcenverschiebung, es handelt sich ja um vorwiegend hochqualifizierte Spezialisten, muß bei der Ressourcenverteilung beachtet werden.

Im vierten Schritt wird die Integration der ermittelten Ressourcenerfordernisse, der verschiedenen Entwicklungsaktivitäten und der zugeteilten Mittel in Budgets vorgenommen. In der ersten Phase der Bestimmung von Innovationsbudgets wird die Abstimmung von Planung und Budgetierung durchgeführt. Im Planungsprozeß wird entschieden, welche Projekte unterstützt werden sollen und welche Ressourcen für das einzelne Projekt erforderlich sind. In der Budgetierung wird dann die Verfügbarkeit der notwendigen Ressourcen sichergestellt.

Die Erstellung einzelner Innovationsbudgets zeigt das Beispiel des Projektes einer Produktänderung.

Für die Produktänderung sollen DM 360 000,-- ausgegeben werden. Die Verwendung geschieht überwiegend innerhalb des Marktzentrums, aber DM 42 000,-- müssen durch Mitarbeiter der Stabsabteilungen Marktforschung, Entwicklung und Technik in der Konzernzentrale ausgegeben werden. Die Technik — DM 15 800,-- sind für die Produktänderung budgetiert — ist überwiegend auf das bestehende Geschäft konzentriert, mehr als die Hälfte des Gesamtbudgets der Technik ist dieser Aufgabe gewidmet. Da die Projekte starken Änderungen im Zeitablauf unterworfen sind, also schwer zu quantifizieren sind, verlangt die Erstellung von Innovationsbudgets große Erfahrung.

Aber nur die gesonderte Bewertung und Budgetierung von Innovationen ermöglicht die Beurteilung der drei wichtigsten Faktoren der Innovationsstrategie:

1. der eigentlichen Marktchance,
2. des Mißerfolgsrisikos,
3. der erforderlichen Ressourcen.

Nur eine Innovationsstrategie, die auf einer gesonderten Bewertung und Budgetierung der Innovationen basiert, kann das Mißerfolgsrisiko und das noch gefährlichere Risiko des Beinahe-Erfolges eindeutig einplanen. Die Entscheidung, ein Innovationsprojekt aufzugeben, und zwar zum richtigen Zeitpunkt, ist mindestens ebenso wichtig wie die Entscheidung, in welche Innovation investiert werden soll. Erfolgreich innovatives Management unterscheidet sich von weniger erfolgreichem vor allem in seinen Fähigkeiten, Investitionen in Mißerfolge rechtzeitig zu stoppen. Noch schwieriger sind die Entscheidungen über die Beinahe-Erfolge, über die Projekte, die eine Branche revolutionieren sollten und als Spezialitäten endeten, die ein paar Abnehmer zwar kauften aber nicht dafür bezahlen möchten. Mehr

Unternehmen sind an diesen Beinahe-Erfolgen als an klaren Mißerfolgen untergegangen. Nur der Vergleich der Realität nach der Einführung eines Produktes oder eines Prozesses mit den vorher schriftlich fixierten Erwartungen kann die Entscheidung begründen, ob weiter investiert oder aufgegeben werden soll. Die Frage nach der Fortführung oder Aufgabe des Projekts sollte vor jeder weiteren Investitionsentscheidung gestellt werden. Aufgabe kann dabei oft in einen akzeptablen Verkauf ausmünden.

Innovative Unternehmen verstehen, daß die Unternehmensleitungen eine andere Rolle spielen müssen und andere Einstellungen besitzen müssen. Unternehmensleitungen müssen die treibende Kraft für Innovationen sein. Sie müssen die Anregungen aus dem Unternehmen als Anreiz für ihre eigenen Visionen aufgreifen. Anregungen aus der Organisation sind aber nur zu erwarten, wenn der Widerstand gegenüber Veränderungen, der in allen Veröffentlichungen immer wieder als das zentrale Managementproblem hervorgehoben wird, überwunden werden. Widerstand gegen Wandel liegt in Unkenntnis und Angst vor dem Unbekannten begründet.

Gelingt es der Unternehmensleitung, die Mitarbeiter zu überzeugen, daß Änderungen Chancen sein können, verschwindet die Angst und damit der Widerstand gegenüber dem Neuen. Die Kreierung, der Aufbau und die Aufrechterhaltung einer innovativen Organisation, in der Wandel eher die Regel als die Ausnahme bildet und eher als Chance denn als Bedrohung gesehen wird, sollte eines der wichtigsten Beurteilungskriterien der Qualifikation des Managements werden. Innovation entspricht bestimmten Geisteshaltungen, Einstellungen und Managementpraktiken, vor allem der Unternehmensleitungen.

Organisation innovatorischer Unternehmen

In traditionellen Unternehmen sieht sich die Unternehmensleitung als letzte Entscheidungsinstanz von Ideen. Strenggenommen übt sie ein dauerndes Vetorecht bei Vorschlägen aus, vor allem, wenn sie nicht detailliert durchdacht und ausgearbeitet sind. Unternehmensleitungen innovativer Unternehmen nehmen die genau entgegengesetzte Position ein. Sie sehen ihre Hauptaufgabe in der Umsetzung unpraktischer, verrückter, unausgegorener Ideen in die innovative Realisierung. Diese Unternehmensleitungen wissen, daß neue Ideen zunächst immer als unpraktisch erscheinen. Sie wissen, daß auf eine realisierbare Idee viele verrückte Vorschläge entfallen und daß in den ersten Stadien ein wilder Vorschlag kaum von einer genialen Idee unterschieden werden kann.

Die Unternehmensleitungen innovativer Unternehmen begnügen sich nicht mit allgemeinen Ermutigungen, neue Ideen zu suchen und vorzuschlagen, sie nehmen sich auch die Zeit zum Zuhören, teilweise sogar geht die Initiative des Zuhörens von ihnen aus. Sie nehmen alle Vorschläge ernst und stellen immer wieder die Frage: Wie könnte diese Idee praktikabel, realisierbar, wirksam gemacht werden? Sie denken alle Vorschläge bis zu dem Punkt durch, an dem über die Umsetzbarkeit in die innovative Realität entschieden werden kann. Diese Anerkennung, Teilnahme und Verwirklichung von Ideen durch die Unternehmensleitung verhilft in den innovativen Unternehmen selbst dem Vorschlagswesen zum Erfolg.

Innovative Unternehmen erkennen, daß andere Strukturen und Organisationsformen erforderlich sind. Der Unterschied zwischen einem traditionellen und einem innovativen Unternehmen läßt sich oft am Organisationsschema feststellen. Die Sicherung der Zukunft wird besonderen, separaten organisatorischen Einheiten übertragen. Die Wahrung des Bestehenden und die Kreierung des Neuen kann nicht gleichzeitig innerhalb eines Bereiches durchgeführt werden. Beide Aufgaben sind zu groß und zu schwierig, als daß auch nur die geringste Ablenkung der vollen Aufmerksamkeit zu verantworten wäre. Eine echte Innovation paßt selten in das Schema des bestehenden Geschäftes. Umfang, Zielsetzungen, Technologien, Märkte, Produktionsprozesse unterscheiden sich, liegen außerhalb des delegierten Verantwortungsbereiches. In der Praxis hat sich die Übertragung der Verantwortung für die Sicherung der Zukunft bewährt. Geschäftsentwicklungsabteilungen befassen sich so eingehend mit Produktion, Finanzierung und Marketing wie mit Technologie, Produktentwicklung und Produktionsprozessen.

Innovationen müssen von Beginn an als Geschäft, nicht als Funktion organisiert werden. Die Funktion plant ihren Arbeitsablauf von der jetzigen Situation hin auf das gesteckte Ziel. Die Innovation plant ihren Arbeitsablauf von dem gesteckten Ziel zurück auf die jetzige Situation, um zu bestimmen, wie das gesteckte Ziel erreicht werden kann. Die Sequenz von Forschung, Entwicklung, Produktion und Marketing kann für Innovationen nicht eingehalten werden. Ihren Einsatz bestimmt der Projekt-Manager aus der Logik der Situation heraus, Finanzierungsüberlegungen können durchaus vor Entwicklungsarbeiten in Angriff genommen werden. Der Projekt-Manager, dem die Verantwortung für die Innovation nach der grundsätzlichen

Entscheidung zur Unterstützung des Projektes übertragen wird und der grundsätzlich aus jeder funktionalen Abteilung kommen kann, kann auch alle funktionalen Aufgaben seines Projektes gleichzeitig starten. Sein Projekt-Team, als autonome Abteilung etabliert, arbeitet außerhalb der traditionellen Organisationsstrukturen. Die verschiedenen Innovationseinheiten sollten einem Mitglied der Unternehmensleitung unterstellt werden, das sich ausschließlich auf die Anleitung, Hilfestellung, Unterstützung, Ratgebung, Beurteilung und Ausrichtung der innovativen Arbeit der Projekt-Teams konzentriert.

Selbst diese Organisationsform mag für die zukünftigen Innovationen, die in völlig unbekannte Bereiche zielen werden, zu restriktiv sein. Vielleicht muß diese innovative Aufgabe echten Entrepreneuren, wahren Unternehmern überlassen werden, die mit Unterstützung der bestehenden Unternehmen über Mehrheitsbeteiligungen und dem Recht die Anteile des Entrepreneurs zu vorher bestimmten Konditionen zu übernehmen, neue selbständige Unternehmen zur Realisierung von spezifischen Innovationen gründen. Diese Partnerschaft löst auch das Honorierungsproblem für Innovatoren, die entsprechend des wirtschaftlichen Erfolges vorgenommen werden sollte, ohne das Projekt zu Beginn mit hohen Lohn- und Gehaltskosten der beteiligten Spezialisten zu belasten. Ähnliche Erfolge lassen sich auch erzielen, wenn dem Projekt-Manager die Leitung des Geschäftes übertragen wird, das nach der Durchsetzung im Markt aus seinem Innovationsprojekt aufgebaut werden konnte.

Viele Anzeichen deuten auf eine Periode erhöhter wirtschaftlicher, geographischer, sozialer und politischer Innovationsaktivitäten hin. Viele Anzeichen deuten auch auf eine Periode knapper und teurer Ressourcen hin.

Nur die Unternehmen werden diesen beiden Anforderungen genügen, werden weiterleben, die die Institutionalisierung von Innovationen mit strategischer Unternehmensplanung auf der Basis von Erfahrungskurve und Produktportfolio-Management verbinden, die die strategische Unternehmensplanung durch Innovationen realisieren.

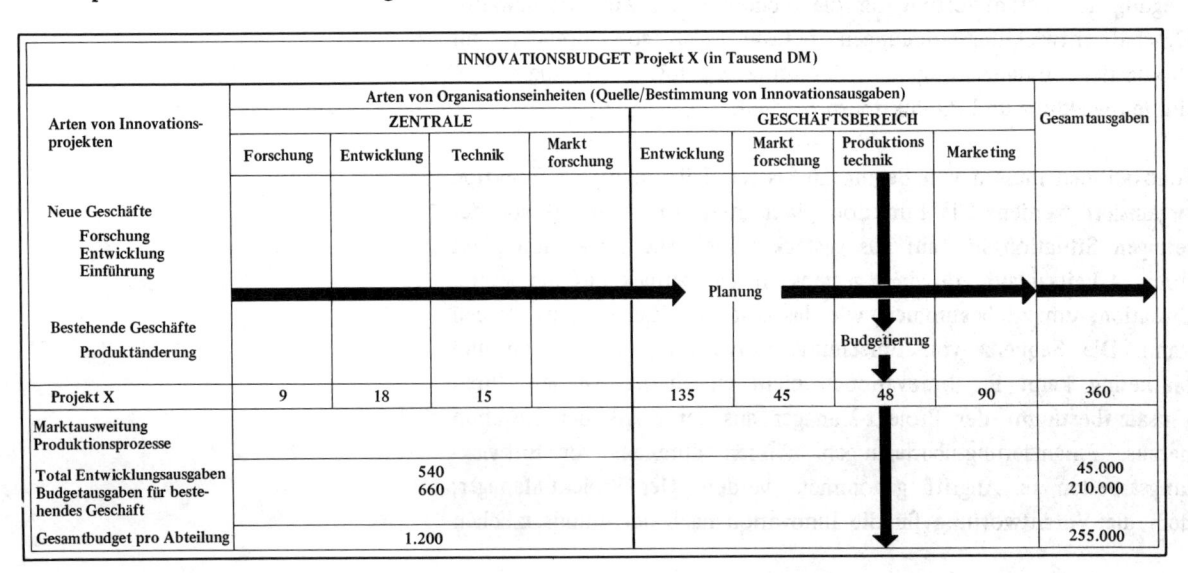

	INNOVATIONSBUDGET Projekt X (in Tausend DM)								
Arten von Innovationsprojekten	Arten von Organisationseinheiten (Quelle/Bestimmung von Innovationsausgaben)								Gesamtausgaben
	ZENTRALE				GESCHÄFTSBEREICH				
	Forschung	Entwicklung	Technik	Marktforschung	Entwicklung	Marktforschung	Produktionstechnik	Marketing	

Neue Geschäfte
  Forschung
  Entwicklung
  Einführung
					Planung				

Bestehende Geschäfte Produktänderung							Budgetierung		
Projekt X	9	18	15		135	45	48	90	360
Marktausweitung Produktionsprozesse									
Total Entwicklungsausgaben Budgetausgaben für bestehendes Geschäft		540 660							45.000 210.000
Gesamtbudget pro Abteilung		1.200							255.000

Literaturverzeichnis

Abernathy, W. J., Wayne, K.: Limits of the Learning Curve, in: Harvard Business Review, Sept./Okt. 1974, S. 109–119.

Andress, F. J.: The Learning Curve as a Production Tool, in: Harvard Business Review, Vol. 32, 1953, S. 54–65.

Ansoff, H. I.: Firm of the future, in: Revue de la Soc. Roy. Belge des Ing. & Ind., 1974 7/8/9, S. 148–169.

Bailey, E. L. (Hrsg.): Marketing Strategies, A Symposium, The Conference Board, 1974.

Bain, A. D., Evans, J. D.: Price formation and profits explanatory and forecasting models of manufacturing industry profits in the U. K., in: Oxford Bull. Econom. & Stat. 35 (1973), 4, Nov., S. 295–309.

Bauer, J.: Balanced Marketing Planning in a Period of Sudden Change, in: The Conference Board Record, Mai 1975.

Beik, L. L., Buzby, S. L.: Profitability Analysis by Market Segments, in: Journal of Marketing, Juli 1973, S. 83–89.

Bloom, P. N., Koller, P.: Strategie for high market-share companies, in: Harvard Business Review, Nov./Dez. 1975, S. 63–72.

Boston Consulting Group: Perspectives on experience, Boston 1968.

Brockhaus, W. L.: Planning for Change with organization charts, in: Business Horizons, April 1974, S. 47–55.

Brown, J. K., O'Connor, R.: Planning and the Corporate Planning Director, The Conference Board, 1974.

Bruno, A. V., Bibbens, T. E., Digiovanni, J. J.: SMR forum: a reassessment of Technological Forecasting in a small company, in: Sloan Management Review, 15/1974, S. 89–95.

Buzzell, R. D., Gale, B. T., Sultan, R. G. M.: Market Share – A Key to Profitability, in: Harvard Business Review, Jan./Febr. 1975, S. 97–106.

Catry, B., Chevalier, M.: Market Share Strategy and the Product Life Cycle, in: Journal of Marketing, Okt. 1974, S. 39–43.

Cleland, D. I., King, W. R.: Organizing for long-range planning, in: Business Horizons, Aug. 1974, S. 25–33.

Clifford, D. K.: Growth pains of the threshold company, in: Harvard Business Review, Sept./Okt. 1973, S. 143–154.

Cohen, K. J., Cyert, R. M.: Strategy: Formulation, Implementation and Monitoring, in: The Journal of Business, 1973, S. 12–41.

Cooper, A.: Strategic responses to technological threats, in: Acad. of Management, Proceedings, 33. Jahresversammlung Boston, Aug. 1973, S. 54–59.

Corcy, R. E.: Key options in market selection and product planning, in: Harvard Business Review, Sept./Okt. 1975, S. 119–128.

Corporate Planning Today for Tomorrow's World Market/1985 Business International Research Report, Juli 1967.

Dhalla, N. K., Yuspeh, S.: Forget the product life cycle, in: Harvard Business Review, Jan./Febr. 1976, S. 102–112.

Drucker, P.: Management, 1973, New York.

Drucker, P.: Managing for results, 1964, New York.

Drucker, P.: The age of discontinuity, New York 1969.

Eastlack, J. O., Mc Donald, P. A.: CEO's role in corporate growth, in: Harvard Business Review, Mai/Juni 1970, S. 150–164.

Egerton, H. C., Brown, J. K.: Some Perspectives on Business Planning, in: The Conference Board Record, Aug. 1971.

Ellis, Ch., Lebbridge, D., Ulph, A.: The application of dynamic programming in U. K. Companies, in: Omega, Aug. 1974, No. 4, S. 533–543.

Engster, C.: Unternehmensstrategie als Grundlage der Investitionsplanung, in: Industr. Organ., Sept. 1974, S. 369–374.

Fogg, C. D.: Planning Gains in Market Share, in: Journal of Marketing, Juli 1974, S. 109–118.

Folkertsma, B.: De doelstelling van het Bedrijf, in: Doelmating bedrijfsbeheer, No. 1974, S. 8–14.

Forsyth, W. E.: Strategic Planning in the '7os, in: Financial Executive, Okt. 1973, S. 96–102.

Fruhan, W. E.: Pyrrhic victories in fights for market share, in: Harvard Business Review, Sept./Okt. 1973, S. 100–107.

Gabler's Wirtschaftslexikon, hrsg. v. R. Sellien u. H. Sellien, 9. Aufl., Wiesbaden 1976.

Gabriel, P. P.: Managing Corporate Strategy to Cope with Change, in: The Conference Board Record, März 1975.

Gelinier, O., Gaultier, A.: L'Avenir des entreprises personelles et familiales, Paris 1971.

Gestetner, D.: Strategy in Managing international Sales, in: Harvard Business Review, Sept./Okt. 1974, S. 103–109.

Gilmore, F. F.: Formulating strategy in smaller companies, in: Harvard Business Review, Mai/Juni 1971, S. 71–81.

Glavin, C. M.: The management of planning: a third dimension of business planning, in: Business Quarterly, 39/1974 Aug., S. 43–51.

Guerny, J. de: Planifier – La fin des planificateurs professionnels, in: Hommes & Techniques, Juni/Juli 1974, S. 414–418.

Haley, R. I.: The Implications of Market Segmentation, in: The Conference Board Record, März 1969.

Hall, W. K.: The Uncertainty of Uncertainty in Business Planning, in: Managerial Planning, Sept./Okt. 1974, S. 17–25.

Hamilton, W. F., Moses, M. A.: A computer-based corporate planning system, in: Management Science, 21 (1974) 2, S. 148–159.

Hammond, J. S.: Do's and dont's of computer models for planning, in: Harvard Business Review, März/April 1974, S. 110–122.

Hanan, M.: Reorganize your company around its markets, in: Harvard Business Review, Nov./Dez. 1974, S. 63–74.

Hanappe, P.: Strategies spatiales des firmes multinationales, in: Metra, 13 (1974) I, S. 17–31.

Hayes, R. H., Nolan, R. L.: What kind of corporate modeling functions best? in: Harvard Business Review, Mai/Juni 1974, S. 102–112.

Hirschmann, W. B.: Profit from the Learning Curve, in: Harvard Business Review, Jan./Febr. 1964, S. 125–139.

Irwin, P. H.: Why aren't Companies Doing a better Job of Planning? in: Management Review, Sept. 1971, S. 216–226.

Keller, I. W.: Developing better Profitability Measures, in: The Conference Board Record, Aug. 1966.

Keller, M.: Ziele setzen für Fachaufgaben und Führungsfunktionen, in: Industr. Organ., Juni 1974, S. 263–271.

King, W. R., Cleland, D. I.: Decision and Information Systems for Strategic Planning, in: Business Horizons, April 1973, S. 83–94.

Kraushar, P. M.: New products and diversification, London 1969.

Lausley, P., Sadler, Ph., Webb, T.: Organisation structure, Management Style and Company Performance, in: Omega, Aug. 1974, S. 467–487.

Lee, S. M., Nicely, R. E.: Goal Programming for Marketing Decisions: A Case Study, in: Journal of Marketing, Jan. 1974, S. 41–49.

Levitt, T.: Marketing for business growth, New York 1969.

Levy, M.: Stratégie des prix de vente, Paris 1974.

Malmlow, E. G.: Corporate Strategic Planning in Practice, in: The Journal of the Society for Long-Range Planning, Sept. 1972, S. 51–60.

Mancuso, J. R.: How a business plan is read, in: Business Horizons, Aug. 1974, S. 33–43.

Marting, E. (Hrsg.): New products - new profits, New York 1964.

McCaskey: Widening the scope of planning, in: Industry week, 1974, 22. Juli, S. 44–46.

McGuire, E. P., Bailey, E. L.: Sources of Corporate Growth, a Survey, National Industrial Conference Board, 1970.

Müller, R. K.: The innovation ethic, New York 1971.

Mullner, G.: Mitarbeiter-Ideen für die langfristige Unternehmensplanung, in: Industr. Organ., Juni 1974, S. 271–275.

Nagtegaal, H.: Der Verkaufspreis in der Industrie, Wiesbaden 1974.

Osgood, R. M.: Strategic Planning for Large Corporations, in: Managerial Planning, Sept./Okt. 1972, S. 25–30.

Planning for Profits/How to Organize and Implement a Global Corporate Plan, Business International Research Report, Nov. 1967.

Pichal, Ph. J.: Prévision, évaluation technologique et innovation, in: Hommes & Techniques, Okt. 1974, S. 632–650.

Rue, L.: Is long-range planning profitable? in: Acad. of Management Proceedings, 33. Jahresversammlung, Boston, Aug. 1973, S. 66–73.

Saunders, Ch. B.: What should we know about strategy formulation, in: Acad. of Management Proceedings, 33. Jahresversammlung, Boston, Aug. 1973, S. 29–35.

Sayles, L. R.: The innovation process: an organizational analysis, in: Journal of Management Studies, Okt. 1974, S. 190–205.

Schoeffler, S., Buzzell, R. D., Heany, D. F.: Impact of Strategic Planning on Profit Performance, in: Harvard Business Review, März/April 1974, S. 137–145.

Shani, M.: Future studies versus planning, in: Omega, Okt. 1974, S. 635–651.

Skinner, W.: Manufacturing-missing link in corporate strategy, in: Harvard Business Review, Mai/Juni 1969, S. 136–145.

Skinner, W.: The Focused Factory, in: Harvard Business Review, Mai/Juni 1974, S. 65–72.

Spencer, H.: On the Essential Vitality of Organizations, in: The Conference Board Record, Mai 1975.

Springer, C. H.: Strategic Management in General Electric, in: Operations Research, Nov./Dez. 1973, S. 802–806.

Steiner, G. A.: Rise of the corporate planner, in: Harvard Business Review, Sept./Okt. 1970, S. 133–139.

Stemp, I.: Corporate Growth strategies, New York 1970.

Stern, J. M.: Analytical methods in financial planning, New York 1974.

Stopford, J., Wells, L. T.: Direction et Gestin des entreprises multinationales, Paris 1974.

Survey of Business Opinion and Experience: The Status of Long-Range Planning, The Conference Board Record, Sept. 1966.

Thomas, Ph. S.: Environmental analysis for corporate planning, in: Business Horizons, Okt. 1974, S. 27–39.

Tiano, A.: La méthode de la prospective, Paris 1974.

Tiemeier, G., Welti, W.: Aktive Chancen- und Risikoplanung, in: Industr. Organ., Juli 1974, S. 301–308.

Train, R. E.: Planning to Take Charge of Our Future, in: The Conference Board Record, Mai 1975.

Tuason, R. V.: Corporate life cycle and the evaluation of corporate strategy, in: Acad. of Management Proceedings, 33. Jahresversammlung, Boston, Aug. 1973, S. 35–40.

Vancil, R. F.: The accuracy of long-range planning, in: Harvard Business Review, Sept./Okt. 1970, S. 98–101.

Vancil, R. F.: Better management of corporate developement, in: Harvard Business Review, Sept./Okt. 1972, S. 57–62.

Vancil, R. F., Lorange, P.: Strategic Planning in Diversified Companies, in: Harvard Business Review, Jan./Febr. 1975, S. 81–90.

Vecht, R.: Exacte winstprognose taboe voor accountant, in: Doelmating bedrijfsbeheer, Aug. 1974, S. 33–39.

Woodward, H. N.: Management strategies for small companies, in: Harvard Business Review, Jan./Febr. 1976, S. 113–120.

Stichwortverzeichnis

Aufbaustrategie 30

cash cow 68
cash flow 21
cow 68

Dog 69

Erfahrung
— akkumulierte 36
Erntestrategie 31
experience curve 32 f., 46 f., 85

Fragestellungen langfristiger
Planung 11, 12

Gewinndeterminanten 23
Gewinnzentren 16

Innovation(s) 80, 87 f.
— aktivitäten 96
— kosten 93
— strategie 91
Investitionsintensität 26

Liquidität 18, 78 f., 84

market-center 66
Marketingausgaben 24
Markt
— anteil 23, 25–27, 56–61
— führerschaft 28
— information 54
— positionsentwicklung 83
— positionsklassifizierung 68 f.
— strategie 29 f.
— zentrum 71

Mitbewerbervergleich 72

Nachzüglerstrategie 52, 53

Planung
— langfristige 11, 12
— strategische 13, 15 f., 22, 81
— zeitraum der 14

Preisstrategie 48
Produktport-
foliostrategie 17, 18, 27, 65 f., 85
Produktport-
folio-Management 67
Produktqualität 24, 25, 27
profit center 65

Question Mark 68

Return on Investment (ROI) 21, 24

Star 68

Verschuldungsgrad 79, 80, 82
Verteidigungsstrategie 31

Wettbewerb 44, 47, 51, 62

Wirtschaftspolitik 62

Marketing-Literatur

Handbuch der Marktforschung

Mit programmiertem Fragenanhang und praktischen Beispielen von Marktforschung in den verschiedenen Wirtschaftszweigen

Herausgeber: Prof. Dr. K. Chr. Behrens

Band 1: Methoden der Marktforschung — 824 Seiten, Hld. 89,— DM
Band 2: Anwendung der Marktforschung — 700 Seiten, Hld. 89,— DM

In 85 Beiträgen geben namhafte Wissenschaftler und Praktiker einen vollständigen Überblick über das bedeutsame Gebiet der Marktforschung. Das Bild wird abgerundet durch Anschauungsmaterial aus der praktischen Arbeit der führenden Marktforschungsinstitute. Im Anhang werden dem interessierten Leser sämtliche Vordrucke — von Interviewanweisungen über den Fragebogen bis zum Codeplan — präsentiert, so daß er neben der theoretischen Unterweisung eine einmalige Sammlung von Befragungsunterlagen zur Verfügung erhält.

Handbuch der Werbung

Mit programmiertem Fragenanhang und praktischen Beispielen von Werbefeldzügen

Herausgeber: Prof. Dr. K. Chr. Behrens

82 Beiträge von führenden Fachleuten aus Werbewissenschaft und Werbepraxis vermitteln ein umfassendes Bild der Werbung. Das Werk, das den gesamten großen Bereich der Werbung umfaßt, eignet sich ganz besonders auch als Lehrbuch. Alle Autoren haben sich bemüht, nicht nur die Werbemittel zu beschreiben, sondern deren Anwendung in der Praxis zu zeigen, wobei auch Vergleiche — ob zweckmäßig oder nicht — gezogen werden. Insbesondere soll der Leser den Wirkungsgrad der Werbemittel richtig einschätzen lernen. Die Darstellung von praktisch durchgeführten Werbefeldzügen gibt den Ausführungen eine plastische und wertvolle Ergänzung, weil sie ein Stück erlebter Praxis mit Erfolg oder auch Mißerfolg aufzeigt.

1172 Seiten, Ln. 184,80 DM

Prof. Dr. K. Chr. Behrens
Absatzwerbung

In diesem Buch stehen die grundlegenden betriebswirtschaftlichen Probleme der Werbung im Mittelpunkt. Die Werbung wird im Rahmen der betriebswirtschaftlichen Absatztheorie gesehen. Werbetechnische Spezialfragen, Psychologie und Demoskopie wurden nur insoweit einbezogen, als sie zur Lösung betriebswirtschaftlicher Probleme notwendig sind.

239 Seiten, Ln. 28,60 DM

Dr. M. Michael
Produktideen und „Ideenproduktion"

Die Ergebnisse der Kreativitätsforschung werden systematisch dargestellt und überprüft, um daraus erste Ansätze eines ideen- oder innovationspolitischen Instrumentariums der Unternehmung abzuleiten. Zu diesen Zweck werden die verschiedenen Methoden, die bei der Ideensuche angewandt werden, behandelt. Abschließend werden auch Fragen des sozialen Kontextes erörtert.

177 Seiten, Ln. 28,20 DM

Dr. R. Schulz
Kaufentscheidungsprozesse des Konsumenten

Schulz bietet einen zusammenfassenden Überblick über die wichtigsten, in Deutschland noch weitgehend unbekannten Modelle zum Kaufentscheidungsprozeß, die in der amerikanischen Marketingtheorie und -praxis Interesse und Anerkennung gefunden haben: Modelle von Rogers, Nicosia, Howard/Sheth und Amstutz.

151 Seiten, brosch. 13,60 DM, Ln. 26,70 DM

Dr. H. Nagtegaal
Der Verkaufspreis in der Industrie

Der Autor faßt in diesem Buch gesicherte Erkenntnisse der Wirtschaftstheorie, der Absatzpraxis und des Marketings zusammen, um den Absatzpreis zu bestimmen.

233 Seiten, brosch. 29,80 DM

Prof. Dr. G. Petermann
Marktstellung und Marktverhalten des Verbrauchers

Das Buch befaßt sich mit den Besonderheiten der wirtschaftlichen Vorgänge innerhalb des Familienhaushaltes und untersucht die Marktstellung der Verbraucher und damit die „Außenbeziehungen" des Haushaltes.

80 Seiten, Ln. 13,80 DM

Dr. J. Krautter
Marketing-Entscheidungsmodelle

Aus dem Inhalt: Die Einführung quantitativer Methoden im Absatzbereich, Versuch einer Bewertung des gegenwärtigen Standes der Forschung — Zum Problem der Informationsbeschaffung im Absatzbereich — Ausgewählte Marketing-Entscheidungsmodelle — Zum Entwurf eines Programms für den Forschungsbereich „Quantitatives Marketing".

197 Seiten, Ln. 28,90 DM

Betriebswirtschaftlicher Verlag Dr. Th. Gabler · Wiesbaden

Fachliteratur für Studium und Praxis

Marketing heute und morgen
Entwicklungstendenzen in Theorie und Praxis
Herausgegeben von Prof. Dr. Heribert M e f f e r t

512 Seiten   Leinen 69,80 DM

Das Werk greift aus der Fülle der Marketingprobleme einige besonders aktuelle Aspekte heraus, die geeignet sind, die Entwicklungstendenzen des Marketings zu kennzeichnen. Im ersten Teil werden Informationsgrundlagen des Marketings behandelt. Der zweite Teil befaßt sich mit dem Einsatz der Marketinginstrumente. Im dritten Teil stehen Fragen der Marketingorganisation und des Marketingsystems zur Diskussion. Im vierten Teil werden institutionelle Aspekte des Marketings aufgegriffen. Das Buch schließt mit Beiträgen zu wirtschafts- und gesellschaftspolitischen Aspekten des Marketings.

Prof. Dr. Dietrich A d a m
Produktionspolitik

262 Seiten   brosch. 19,— DM, Leinen 29,— DM

Adams Buch ist als Einführung gedacht. Im Vordergrund steht daher zunächst die Klärung der in der Produktionsplanung verwendeten Begriffe. Sodann erläutert Adam ausführlich die Grundprobleme und die Zusammenhänge der Produktions- und Kostentheorie und deren Anwendung in der Kostenpolitik. Im Rahmen der Kostenpolitik geht er vor allem auf Fragen der Beschäftigung (kurzfristige Kostenpolitik) und der Kapazität (langfristige Kostenpolitik) ein. Abschließend behandelt er die Grundlagen der zeitlichen Produktionsverteilungsplanung, der Losgrößentheorie, der Absatzplanung sowie der Produktionsprogrammplanung.

Prof. Dr. Dietrich A d a m
Entscheidungsorientierte Kostenbewertung

249 Seiten   Leinen 36,80 DM

Der Autor untersucht die Leistungsfähigkeit der Kostenbegriffe, speziell der wertmäßigen Kosten für die Lösung von Entscheidungsproblemen. Vor allem geht es dabei um die Frage nach der Eignung der wertmäßigen Kosten für die Planung. Das Dilemma dieser Kostentheorie besteht darin, daß die Wertansätze erst zur Verfügung stehen, wenn das Entscheidungsproblem bereits gelöst ist. Es wird gezeigt, wie die Konzeption der wertmäßigen Kosten aber dennoch im Rahmen einer Dezentralisation des Entscheidungsprozesses mit Rückkopplung zur Steuerung des Faktoreinsatzes eingesetzt werden kann. Auf der Basis der wertmäßigen Kostenkonzeption wird ein Dekompositionsalgorithmus für eine dezentrale Entscheidungsfindung bei voll besetzten Koeffizientenmatrizen entwickelt, der in mehreren Planungsschritten zur optimalen Lösung führt.

Programmierte Fragen zur entscheidungsorientierten Kostenbewertung
64 Seiten, broschiert 9,— DM

Prof. Dr. Helmut W a g n e r
Die Bestimmungsfaktoren der menschlichen Arbeitsleistung im Betrieb

195 Seiten   Leinen 23,50 DM

Bei der Untersuchung der Frage, welche Faktoren letztlich dafür bestimmt sind, in welchem Umfang ein Arbeitnehmer in der Lage und bereit ist, Arbeitsleistungen in den Prozeß der Leistungserstellung abzugeben, unterstellt der Verfasser auf seiten des Arbeitnehmers rationales Verhalten. Die gewonnenen Erkenntnisse über die Bedürfnisstruktur des Menschen werden unter Verwendung der modernen Methoden der Unternehmensforschung sowohl zu weiteren Forschungen auf diesem Gebiet anregen wie auch den Unternehmensleitungen wertvolle praktische Hinweise und Anregungen für die betriebliche Menschenführung vermitteln.

Betriebswirtschaftlicher Verlag Dr. Th. Gabler · Wiesbaden